齐鲁文化中的
家风家教

王 笑 王凤青 著

人民出版社

目　录

四、处世：宽厚谦恭，仁爱友善

五、结语：重家教、正家风，助推党风政风清正

绪　论

中华民族历史悠久，传统美德与文化精粹的汇聚，为我国当今社会发展奠定了深厚的文化根基。其中，家风家教是中华传统文化的重要组成部分，它涉及社会基本组成细胞——家庭，亦因家国同构、家国一体的传统政治格局而对古代中国产生了深远的影响，并为当代中国的安定发展与党风政风建设提供着丰厚的历史滋养。

"天下之本在国，国之本在家。"家是国的最基层细胞，国是千万个家的共同体。家庭的前途命运与国家和民族的前途命运是紧密相连、息息相关的。习近平总书记多次指出："家庭是社会的基本细胞，是人生的第一所学校。不论时代发生多大变化，不论生活格局发生多大变化，我们都要重视家庭建设，注重家庭、注重家教、注重家风"。①"家庭是人生的第一个课堂，父母是孩子的第一任老师。孩子们从牙牙学语起就开始接受家教，有什么样的家教，就有什么样的人。"②家庭是人生的第一所学校，又是一个人为人处世，通过家风、家教养成个人品德的场所，所有人的成长、成才无不带有家教、家风的浓厚痕迹。无论时代如何变化，家庭对个人成长的作用都是至关重要的。从这个意义上来讲，家风家教关系到国家民族的前途命运，只有家风家教好，国家才能好，民族才能好。

所谓家风，从一般意义上来说，是指"一种由父母或祖辈提倡并能身体力行和言传身教，用以约束和规范家庭成员的风尚和作风。"③它是由长辈主导营造，由家庭成员共同遵守实施而形成的精神力量，是"家庭或家族生活作风、传统习俗、道

---

① 中共中央党史和文献研究院编：《习近平关于注重家庭家教家风建设论述摘编》，中央文献出版社 2021 年版，第 3 页。

② 中共中央党史和文献研究院编：《习近平关于注重家庭家教家风建设论述摘编》，中央文献出版社 2021 年版，第 18 页。

③ 张平江主编：《党性修养简明大辞典》，内蒙古人民出版社 2018 年版，第 133—134 页。

德面貌、情操和价值观念的综合体"，① 是一个家庭或者家族的道德风尚、生活方式与文化传统的集中体现。家风是家庭成员共同营造形成的，家庭成员都是参与主体，带有多面互动的特点。它是一个家庭的精神内核，是一个家庭长期以来积累的智慧结晶，是一个家庭能否源远流长、薪火相传的根本因素。好的家风会让家庭成员有归属感，积极向上、团结奋进，更好实现人生价值。不好的家风则会使家庭成员互相消耗，心存芥蒂，不仅家庭内部纷争不断，而且会影响个人社会功能的彰显。

家教是传承家风的唯一途径，是指长辈对晚辈进行的规矩、礼仪和训示等一系列的行

明吴彬《孔子杏坛讲学》图轴

① 陈延斌、张琳:《建设中国特色社会主义家文化的若干思考》,《马克思主义研究》2017 年第 8 期。

为规范的总和，是一个家庭成员要遵守的道德规则、行为规范和礼仪制度，带有持久性、延续性等特点。家庭成员从呱呱坠地开始，就接受着家庭教育的熏陶，耳濡目染。长辈对晚辈进行的家庭教育，在人的一生成长过程中都是至关重要的，它在陶冶性灵、健全人格和立身处世上，起着不可替代的指导作用，好的家庭教育会让人终身受益。

在谈到家风家教时，人们一般将其同等看待，很多情况下不会去认真辨析其中的差异，但实际上二者是既有区别又有联系的。首先，家教是形成家风的基础，通过以言传、身教为主要途径的多样家教形式，家风才得以养成和传承。其次，在家风的传承之中，家教又以其持续不断的实践性在与时俱进中不断创造转化，在与时代同步中不断创新发展。最后，家风与家教相互依存、相互支撑、相互促进，互为表里，它们共同塑造了中华优秀的家文化的基因，蕴藏于中华民族生生不息的历史发展脉络之中，支撑着中华民族优秀儿女自强不息、厚德载物的品格。

在传统中国社会中，由于社会教育不发达，一个人的成长不得不依赖于自己的家庭。许多大的家族或世族，往往注重通过家风家教，指导规训着每一个家庭成员的思想和行为，承担起对家族成员的教育功能甚至社会功能。这就决定了家风家教的重要性，也因此形成了与家风家教有关的浩如烟海的经典文献。

作为中华优秀传统文化核心内容和主干的齐鲁文化，同样

蕴含着独特而丰厚的家风家教资源。挖掘齐鲁文化中家风家教
思想的历史特色，追寻其现代价值，可以为当前党员干部更好
传承家风家教，更为注重家庭建设，扣好人生第一粒扣子，提
供有益思想启示和思想滋养。

一、修身：崇德正己，自强不息

　　"修身"一词，早见于先秦典籍，如《老子》中的"修之于身，其德乃真。"《孟子》中的"君子之守，修其身而天下平。"《墨子》中的"远施周偏，近以修身"等。"修身"作为一个专有名词对后世产生重大影响，则主要是由于儒家经典之一的《大学》。

《大学》写道:"古之欲明明德于天下者,先治其国;欲治其国者,先齐其家;欲齐其家者,先修其身;欲修其身者,先正其心;欲正其心者,先诚其意;欲诚其意者,先致其知;致知在格物。"并进一步指出:"自天子以至于庶人,壹是皆以修身为本。"意思是上至天子下至平民百姓,都应该以修养自身的品德为根本。其中的格物、致知、诚意、正心、修身、齐家、治国、平天下被后人称为儒家"八目",成为读书人努力的目标和追求的理想,"修身"也成了大家经常提到和用到的一个对自身要求的常用名词。

《大学》说"一家仁,一国兴仁",良好的家风离不开每个家庭成员的努力,离不开每个家庭成员的修养和奋斗。只有先端正自身,才能对家庭的其他人提出要求,也才能营造良好的家庭氛围,形成合力。齐家之道,修身为先,就修身而言,良好的家风要求我们谨言慎行,做到"慎独",进行自强不息的奋斗。

家庭构成的基本要素是个人。这个"个人",不是别人,正是"我",也就是"自己"。虽然家庭的伦理关系是从夫妻开始的,但构成伦理关系的基础还是每个个体。可以说,小到齐家,大到治国平天下,都是从修身开始。北齐的颜延之在告诫自己家族的子弟时说:"公通,可以使神明加响;私塞,不能令妻子移心。是以昔之善为士者,必捐情反道,合公屏私。"(《宋书·庭诰》)意思是按公德行事,就会得到神明的保佑;内心充满私欲,妻子儿女也不会和自己同心。所以从前真正的君子，必须收敛情感，遵循道德，顺从公理，摒弃私欲。

《大学》对于修身有哪些要求呢？首先，修身是从正心开始的。一个人的行为，总是和内心的状态有关。如果心不正的话，"身"和行为也就不会正。比如一个人对某件事特别气愤，或者害怕，或者喜好、厌恶等，这些情绪都会影响他的判断。如果我们怀着非常厌恶的情绪去看待人，即便一个有优点的人也会变得一无是处，因此好好端正自己的内心和情绪非常重要。这种修养，不仅是整个人生的基础，也是齐家的基础。《大学》在讲到不修身不可以齐家时说："人之其所亲爱而辟焉，之其所贱恶而辟焉，之其所畏敬而辟焉，之其所哀矜而辟焉，之其所敖惰而辟焉。故好而知其恶，恶而知其美者，天下鲜矣。"意思是人们对于自己所亲爱的人往往会偏爱，人们对于自己所厌恶的人往往会偏恶，人们对于自己所敬畏的人往往会偏敬，人们对于自己所同情的人往往会偏护，人们对于自己所轻视的人往往会偏轻。因此喜欢一个人而知道他的缺点，讨厌一个人而了解他的长处，这样的人天下少有。亲爱、厌恶、敬畏、哀怜，这些还都是心的内容，但《大学》放在修身、齐家的章节里面，是因为它关联着家庭关系的处理。也正是如此，《大学》这一段引用了"人莫知其子，莫知其苗之硕"的谚语作为结尾，意思是人都看不到自己孩子的过错，人都不满足于自己庄稼的壮硕。就齐家而言，比如教育孩子，就有可能因为溺爱而认为孩子一切都是好的，一切都不加以干涉，养成孩子宠溺骄逸的习气。

古代家庭的子弟比较多，这种观点具有十分实际的意义。古人因为特别宠爱某一个孩子而导致家庭败坏的教训也很多。比如明万历皇帝，临幸一个宫女，生下了长子朱常洛，但是他不喜欢这个宫女，所以连带着不喜欢朱常洛。后来他宠爱郑贵妃，并喜欢郑贵妃所生的朱常洵。按照规矩，长子朱常洛成为太子继承帝位是毫无疑问的。可是皇帝十分宠爱郑贵妃母子，对于朱常洵的赏赐、用度，都比朱常洛要奢华很多。很多大臣对此都非常不满，纷纷上疏奏请皇帝迅速确立"国本"，也就是立朱常洛为太子，皇帝和大臣僵持了很多年，这事才最终确立下来，但皇帝仍然宠溺朱常洵，这种宠溺反而是一种伤害，因为郑贵妃和朱常洵在这种宠溺下，便产生了非分之想，要侥幸地赌一把皇位争夺。万历皇帝曾给郑贵妃写过一个立朱常洵为太子的保证书，于是郑贵妃天天哭哭啼啼地以此来要挟。最后太后裁定还是应该立朱常洛为太子，朱常洵被封为藩王并被要求离开北京，万历皇帝便以前所未有的规格赏赐朱常洵。不只如此，当朱常洛成为太子后，还发生了"梃击案"，据说是郑贵妃一派指使人到宫中试图梃击太子。朱常洛即位后不久，又因误服红药丸暴卒，此即"红丸案"，主谋也指向郑贵妃。整个明朝从万历到天启，发生这么大的骚动，朝廷疲敝，可以说很大程度上是由于万历皇帝过于任性宠爱郑贵妃和朱常洵而引起的。

另一个因家风不正而导致祸乱的例子，是春秋初年的"郑伯克段于鄢"。郑庄公的母亲姜氏在生产庄公的时候难产，受到了惊吓，从此姜氏就很讨厌庄公，反而非常喜欢小儿子共叔段。后来郑庄公继承诸侯之位，姜氏不断地请求庄公封赏给共叔段城邑和财物。最终共叔段试图反叛自立，他们的母亲姜氏做内应，然而庄公早已看穿了一切，所以驱逐了共叔段。

由此可见，正心诚意对于齐家，对于我们处理与家人的关系具有重大的意义。就当今社会而言，虽然没有古代这么复杂的家庭，但是婆媳之间、丈夫与岳父母之间，发生冲突的情况也很多，在这种情况下，先端正自己的态度，就能化解一些纠纷。

对于齐家来说，修身的意义不仅仅在于处理家庭关系的时候能保证一个不偏不倚和公正和蔼的态度，还在于好的人格修养本身就是和睦家庭的基石。孔子说："其身正，不令而行；其身不正，虽令不从。"（《论语·子路》）自己立身不正的话，不仅社会上的人不会信服，朋友、领导、同事、下属不会信服，就是家人也不会信服。孟子讲过这样一个故事：某位齐国人每次回家来的时候，总是酒足饭饱的样子，他的妻妾问他干什么去了，齐人便说去和达官贵人吃酒去了。他妻子就和小妾商量：丈夫每天都说自己去达官显贵那里赴宴，可我们家这么贫寒，也没有达官显贵来造访过，这事必有蹊跷。这一日，妻子尾随丈夫要看个究竟，结果让她目瞪口呆：丈夫原来是去人家坟头上捡祭品吃。妻子于是回来和小妾说了，相对而哭。一个人，不努力工作，却还追求虚荣，做出很不光彩的行为，如此又怎能赢得配偶、孩子和父母的尊重呢？

在涉及家庭教育上，父母本身的修养和言行尤其重要。俗话说"言传身教"，父母是孩子最初的老师，也是教导时间最长的老师。父母的言行给了孩子成长和效仿的基本环境。父母能够注意自己的言行和修养，营造整个家庭宽厚、和谐的氛围，孩子自然会形成正确的世界观、人生观、价值观，将来即便在社会上接触到不好的风气，也不容易走上歧途。

修身不仅仅对教育子女有莫大的影响，而且也可以通过修养自己影响家人。人们常说"清官难断家务事"，这句话不仅仅是说外人无法插手一个家庭内部的事情，更是说家庭里的许多事情很难靠规则或法律理出一个是非曲直。在家庭内部，如果严格按照规则裁断，恐怕会伤害感情，甚至会激化原有的矛盾。在这样一种环境中，人是比较难以自处的，但我们面临再难处的伦理困境，恐怕也比不上我国上古时期的舜。舜的父亲瞽叟是个很暴虐的人，他的继母则很险恶，异母弟弟象十分骄奢淫逸。舜的继母和弟弟天天在瞽叟耳边吹风，要杀掉舜。舜似乎没办法：自己的父亲要杀自己，难道还能为了保全自己反过来杀父亲不成？然而若由着自己的父亲来杀自己，让父母兄弟犯下大错，这也是不孝。所以舜面临着一个最困难的境地，这种境地或许比战场上的生死更令人焦虑和恐惧。舜首先做的，就是一次次地运用智慧逃避父母设计的各种陷阱。象霸占了舜的房子和家财，舜也不愤怒，直接就把家产赠予了象。他仍然像以前那样恭敬地对待父母，疼爱弟弟。经历过无数次类似的事情，他的家人对舜的态度终于有所好转。《尚书·尧典》

记载"克谐以孝，烝烝乂，不格奸"，就是说舜用自己的孝行美德感化他们，使他们改恶从善，不走邪路。

我们现在特别强调个人的权利和自由，在家庭中也是这样，于是稍有道理，甚至没有道理，都寸步不让。这样的修养，难免使家庭四分五裂。修养自己，以及培养对待家人的诚恳态度，其中的好处，有时候很难用语言来表达。家中的亲情，或许也只能靠大家在平日里的生活去体会。

（一）孔门家风，学诗学礼

1. 诗礼庭训

孔氏家族"学诗学礼"的祖训来自孔子对儿子孔鲤的教育。《论语·季氏》中记载了孔子的弟子陈亢和孔子的儿子孔鲤的一段对话，原文是：

> 陈亢问于伯鱼曰："子亦有异闻乎?"对曰："未也。尝独立，鲤趋而过庭。曰:'学诗乎?'对曰:'未也。''不学诗，无以言。'鲤退而学诗。他日，又独立，鲤趋而过庭。曰:'学礼乎?'对曰:'未也。''不学礼，无以立。'鲤退而学礼，闻斯二者。"陈亢退而喜曰:"问一得三。闻诗，闻礼，又闻君子之远其子也。"

陈亢，字子禽，原名妫（guī）亢，春秋末年陈国（今河南淮阳）人，是陈国君主陈胡公妫满的第二十世孙。他的哥哥陈子车担任齐国大夫。陈亢十八岁入孔门，成为孔子的弟子，在孔子 77 位弟子中名列第 68 位。

孔鲤，字伯鱼。孔鲤的鲤是鲤鱼的鲤，是因为孔子的儿子出生的时候，鲁国国君送了一条鲤鱼祝贺孔子得子。孔子为了感念君恩，就将自己的儿子命名为鲤，字伯鱼。

孔子的儿子跟他的弟子们在一起学习，弟子们好奇，孔子有没有对自己的儿子进行特别的教育呢？会不会给自己儿子开个小灶？《论语·季氏》中的这段对话就是陈亢问孔鲤"你从老师那里听到过什么特别的教诲吗？"马融对《论语》中该部分批注说，陈亢认为伯鱼是孔子的儿子，他从孔子那里听来的应该有所不同。

孔鲤回答说："没有。"接下来，孔鲤回想到自己从庭院穿过时碰到父亲孔子发生的两件小事，并将它们告诉了陈亢。有一次，孔子独自站立在堂前。孔鲤快步走过庭中。"趋"是快走的意思，因为见到长辈立在堂前，所以不可以慢慢吞吞、大摇大摆地走，这样会显得很傲慢。《弟子规》中有这样一句话"路遇长，疾趋揖，长无言，退恭立"，这句话的意思是说路上遇见长辈，快步走上前，长辈如果没有说什么，那便在行礼完毕后后退几步，在一旁恭敬地站着等长辈先走。

孔子问孔鲤"学《诗经》了吗？"孔鲤回答说"还没有"，孔子说"不学《诗经》就不知道言语之道，不懂得怎么说话"，孔鲤于是回去学了《诗经》。我们今天可能觉得学习《诗经》

有这么重要吗？但在孔子生活的时代，在很多外交活动或聚会时，发表意见不能直抒其意，而是要吟诵合适的《诗经》句子来委婉地进行表达，不熟读《诗经》则不能很好地参加这些活动。根据皇侃《论语义疏》中的说法，"言诗有比兴答对酬酢，人若不学诗，则无以与人言语也"。这是解释"不学诗，无以言"。这里面比就是比喻，说明一个道理，往往要借助一个比喻，借物来抒发道理。兴，也是像借喻一样，借一桩事兴起一番议论，或者是道理。答对，这是人与人之间的对答、应对。酬酢，是在宴会上，宾主之间互相敬酒，在宴会上的对答。我们现在讲到应酬时该怎么说话，这些在《诗经》中都能学到。所以不学《诗经》，则无以与人言语。在《左传》记录的外交活动中引用《诗经》句子的例子比比皆是。

山东曲阜孔府大堂外观

又有一天，孔子也是一个人站立在堂中，孔鲤又快步走过庭院。孔子叫住孔鲤问道"学礼了吗？"孔鲤说"没有"。孔子下面又给他讲了"不学礼，无以立"。不学礼，就不知道如何立身。《论语·雍也》中的"博学于文，约之以礼"是孔子的教学原则和方法的概括。学要博学，而且要反复地练习。不用学太复杂的礼，要用礼来约束自己、规范自己，这才是真正的君子。如果不学礼，一个人处世、待人接物无礼，当然就很难成功，所以学礼非常重要。它能够帮助我们的德行提升，孔子教导颜回一生奉行这"四勿"——"非礼勿视，非礼勿听，非礼勿言，非礼勿动"。

"退而学礼"，孔鲤听到父亲对他这么讲，于是退下去学礼。"趋而过庭"，这个动作非常的恭敬，孔鲤就算自己没有读《诗经》，没有学礼，还是诚实地回答他的父亲。养父母之身，养父母之心，养父母之志。他的这一举一动，就是在告诉我们如何事亲以礼。

孔鲤讲完这两件事之后，"陈亢退而喜"，喜什么呢？他说"问一得三"。本来他是问孔子对自己的儿子有没有什么特别的教诲，结果得闻三件事："闻诗，闻礼，又闻君子之远其子也"。"闻诗"就是孔子讲的"不学诗，无以言"；"闻礼"就是"不学礼，无以立"；"闻君子之远其子也"，这件事是陈亢自己悟出来的。

"君子"这里是指孔子。孔子教育自己儿子的内容跟教学生的内容没有两样，不会厚此薄彼，没有给自己的儿子专门开小灶。孔子跟自己学生们讲的也是关于《诗经》和礼的内容，陈亢听到孔鲤说孔子也是让他学《诗经》、学礼，才知道原来孔子真的没有特别厚待自己的儿子。孔子对自己的儿子如是，对所有弟子们也如是。从这里可以看到孔子的平等心，所以令弟子们更加敬重。他不会偏爱，真正是有教无类，只要肯来学，他就教，不会因为出身、地位而区别对待，这就是远其子的含义。

"诗礼泽长庭有训，粥鳢风古鼎留铭。"这是清咸丰皇帝赐给当时的衍圣公、孔子七十四世孙孔繁灏的御制诗章中的一句。孔门家族世世代代读书循礼，"诗礼传家"的"庭训"故事经过一代代流传下来，对后世子孙影响深远，成为孔氏家族信守不变的家训。

2.《诗经》和礼

为什么孔子尤为重视《诗经》和礼呢？

《诗经》不仅在外交活动中具有重要作用，对人的成长也非常重要。孔子曾经教育弟子们说："小子，何莫学夫诗？诗，可以兴，可以观，可以群，可以怨。迩之事父，远之事君；多识于鸟兽草木之名。"（《论语·阳货》）意思是说学《诗经》可以激发志气，可以观察天地万物及人间的盛衰与得失，可以培养合群性，可以学习怎样去讽谏上级。近可以用来侍奉父母，远可以侍奉君主；还可以多认识一些鸟兽草木的名字。孔子还曾教育儿子孔鲤说："女为《周南》《召南》矣乎？人而不为《周南》《召南》，其犹正墙面而立也与？"（《论语·阳货》）这里是说一个人如果不读《周南》《召南》，就好比面对着墙傻站着一样。《周南》《召南》是《诗经》最前面的两部分，分别是周公和召公封地的民歌，其中也有关于爱情的内容，这两部分被儒家认为是"人伦之基""王化之始"。

语言承载着文化，要是不学这些诗、文，言语就非常干涩，而且也不懂得进退、应对的道理。孔子非常重视言语的教学。在孔门四科中，第一是德行，第二是言语，第三是政事，第四是文学。德行之后就是言语。言语怎么学，孔子说必须得学《诗经》。会讲话，德行才不会亏欠。往往我们不懂讲话，失言了，这就导致德行上也会有亏失。

在《朱子集注》当中有一句话，"事理通达，而心气和平，故能言"。学《诗经》能帮助人通达事理。凡事后面都有个理，有其理必定有其事。我们对于事和理都要通达，做一个明白人，自然就能够心平气和。心平气和，说话就非常有分寸。所以应对、进退都很得体，这叫能言，讲的话恰到好处。孔子讲，"辞达而已矣"，讲话不需要用很华丽的词藻，能够讲得恰当就行了，这需要智慧。智慧怎么来？心平气和才能有智慧。如果心浮气躁，智慧就出不来。所以我们在跟人交往、讲话时，要保持心平气和，不要浮躁，更不能有嗔怒。如果人有嗔怒，讲出来的话肯定会刺伤人，跟人结怨。所以心要正，言语就正。

"不学诗，无以言"，不仅仅是说讲话，更是要学习讲正确的话，在讲话中修炼自己的德行。

"不学礼，无以立"，礼最初是从祭祀中衍生出来的，随着社会的发展，祭祀仪式逐渐程序化，为了强调人与人之间的差别，突出尊卑长幼观念，于是开始制定详细的礼，儒家推崇的周公制礼作乐就是对宗法等级制度的补充和完善，祭祀的秩序发展为社会的礼仪制度。

春秋时期，宗法制度受到冲击，呈现了礼崩乐坏的局面。为了重整社会秩序，孔子想用传统的礼来拨乱反正，尽管他也深知，传统的礼是没有能力解决当时的混乱局面的，而且传统的礼也并不完全符合孔子的思想，但礼还是有一定的号召力，于是孔子借用传统礼的形式加入自己的思想，将其改造为密切伦理关系、调整和改善社会关系的工具。

孔子认为礼不仅仅是祭祀的祭品，"礼云礼云，玉帛云乎哉"（《论语·阳货》），礼难道只是说祭祀用的玉器和丝帛吗？礼应该是什么？孔子在这里没有说。孔子的另一段话可以给我们以启示："人而不仁如礼何？"人如果没有仁德，怎么使用礼呢？仁才是礼的根本。所以弟子颜渊问仁时，孔子说："克己复礼为仁。一日克己复礼，天下归仁焉。"（《论语·颜渊》）克己复礼的目的就是培养自己的仁德，复礼是手段，培养仁德才是目的。

孔子非常重视礼的作用。在治国上，他说"道之以政，齐之以刑，民免而无耻；道之以德，齐之以礼，有耻且格。"（《论语·为政》）意思是说用政令来治理，用刑法来整顿，人民可以免于犯法但无羞耻之心；用道德来治理，用礼来整顿，人民不仅能免于犯法，而且有羞耻之心还能诚心归服。管理者要依礼而行，崇尚礼，人民就不敢不尊敬，就不敢不尽自己的本分，"上好礼，则民莫敢不敬""上好礼，则民易使也"；要以礼让治国，"能以礼让为国乎，何有？不能以礼让为国，如礼何？"正是在孔子思想的影响下，中国历史上形成了德治、礼治、法治三结合的治国传统，这种治国方式促使中国在近两千年里一枝独秀，文化不断繁荣，大一统国家不断巩固和发展。在政治上，国君要依礼使用臣子，"君使臣以礼"；臣子要按照礼节服侍国君，"事君尽礼"。在家庭中，生养死葬和祭祀都要遵循礼，"生，事之以礼；死，葬之以礼，祭之以礼"（《论语·为政》），只有这样，才能称得上是孝。在学习上，"兴于《诗》，立于礼，成于乐"（《论语·泰伯》），人的修养开始于学《诗》，自立于学礼，完成于学乐。在行事上，要依礼做事，"君子义以为质，礼以行之，孙以出之，信以成之"（《论语·卫灵公》），君子以义作为根本，用礼加以推行，用谦逊的语言来表达，用诚恳的态度来完成。在修身上，"不知礼，无以立"，不知道礼，就无法做人，只有知礼并以礼来约束自己才不会离经叛道，"君子博学于文，约之以礼，亦可以弗畔矣夫"（《论语·雍也》），意思是君子广泛地学习文化典籍，并用礼来约束自己，也就可以不至于离经叛道了。孔子以此教育弟子，颜渊就曾喟然感叹地说："夫子循循然善诱人，博我以文，约我以礼，欲罢不能"（《论语·子罕》），意思是老师善于一步一步地引导我，用各种典籍来丰富我的知识，用各种礼节来约束我的言行，使我想停止学习都不可能。礼对人非常重要，即使是美德也必须受礼的节制，"恭而无礼则劳，慎而无礼则葸，勇而无礼则乱，直而无礼则绞"（《论语·泰伯》），恭敬而没有礼就会烦扰不安，谨慎而不合礼就会畏缩拘谨，勇猛而没有礼就会闯祸添乱，直率而不合礼的规定，就会尖刻伤人。

《朱子集注》有这样一句话，"品节详明，而德性坚定，故能立"。怎么才能够做到立身？"品节详明"，意思是为人处世有明确的原则，什么该做什么不该做心里非常清楚。"德性坚定"，要照做才能够德性坚定，在任何时候都不会违礼。不违礼，就不违仁。孔子讲，"君子无终食之间违仁"，终食之间是一顿饭的工夫，短暂的时间里面都不违反仁，那么就要做到"非礼勿视，非礼勿听，非礼勿言，非礼勿动"，然后才能够立身。所以学礼的关键不是只学些文字，而是天天都要省察自己，看看有没有违礼。这是学君子之道，学圣贤之道。

礼看似是行为规范，实际上它也规范我们的心，通过调身来调心。那么礼的效果是什么？它有什么作用？"礼之用，和为贵"，礼的作用就在于使人与人之间的关系和谐。孔子后裔以"学诗学礼"作为祖训，以诗礼传家作为家风。当然，"诗"已经不仅仅是《诗经》，而是以《诗经》为代表的儒家经典和传统的思想文化；"礼"也不仅仅是礼仪方面的典籍，还包括以礼为代表的传统伦理道德。社会礼仪制度经过长期的使用逐渐成为人们的行为准则，行为准则又逐渐发展成为人们的道德规范，礼也就成为伦理道德的一个组成部分。

3. 后世子孙

在孔子言传身教的影响下，孔子的孙子孔伋（约公元前483—前402年，字子思，为避免与孔子相混后世只称其字）从幼年起就立下了继承家学的志向。

孔子晚年丧子，最得意的弟子颜回和优秀弟子子路、冉耕等人都先他而去，对孔子造成很大的打击，自己的思想如何传承下去成为孔子最为担心的问题之一，子思继承家学的志向给孔子带来了莫大的安慰，也使孔子带着世业克昌的期望离开了人世。

据《孔丛子·记问》记载：夫子闲居，喟然而叹。子思再拜请曰："意子孙不修，将忝祖乎？羡尧舜之道恨不及乎？"夫子曰："尔孺子，安知吾志？"子思对曰："伋于进膳，亟闻夫子之教：其父析薪，其子弗克负荷，是谓不肖。伋每思之，所以大恐而不懈也。"夫子欣然笑曰："然乎！吾无忧矣。世不废业，其克昌乎？"大意为：孔子在家闲坐，忽然叹息。孙子子思在侧，就再拜问孔子说："您是担心子孙不能继承您的事业有辱先祖吗？还是羡慕尧舜之道而遗憾自己没有赶上他们呢？"孔子说："你一个小孩子怎么知道我的志向？"子思回答说："我从开始吃饭就听您的教诲了：父亲劈柴，儿子不能够担负搬运，这就叫作不肖。我常常想到它，所以非常害怕而不敢懈怠。"孔子高兴地说："是这样啊！我没有担忧的了。世世代代家不废业，一定能够昌盛吧！"

子思自幼立志继承家学，就经常向孔子请教，孔子也处处多加教诲。《孔丛子》中有子思向孔子请教而孔子细心回答的记载。比如：

> 子思问于夫子曰："为人君者，莫不知任贤之逸也，而不能用贤，何故？"子曰："非不欲也，所以官人失能者，由于不明也。其君以誉为赏，以毁为罚，贤者不居焉。"

子思问孔子，人君明明都知道任用贤人的安乐，为什么却不能任用贤人？孔子回答说，君主不是不想任用贤人，任官授职之所以遗失贤能，是因为君主自己不够英明。那些君主根据人们的称誉给以奖赏，根据人们的非议诋毁给以惩罚，贤能的人是不会任职的。

子思没有违背对祖父的诺言，也没有辜负孔子的期望。孔子去世后，他师从孔子的弟子曾子等人，精通诗书礼乐，仿效孔子早年收徒设教，中年起周游列国，他一度迁居卫国，又到宋国，晚年才返回鲁国。任官鲁卫，一度成为鲁穆公重臣，著有《子思子》二十三篇，但这本书已经散佚，后人认为《礼记》中的《中庸》《表记》《坊记》《缁衣》为其所作。

子思建立了以"诚"为核心的哲学体系。他认为圣人之心，至诚如一，具有由诚而明，亦即由性而明的全德。在他看来，诚是万物的本源，是贯通天人一体之道，不论是生而知之而又安而行之的圣人，学而知之而又利而行之的中等人，还是困而学之而又勉强行之的下等人，只要心中有诚，就能知行合一，成己成物，合内外为一道，达至天人合一的圣人境界，成就赞天化育的圣人伟业。

孔子以"克己复礼"为尺度而转化为中庸之道，中庸之道是孔门最高之道，它制约人的行为，指向人对人的关系、人和物的关系。但中庸之道出自人的明德之性，是明德之性作为人性的必然表现。子思从人性上阐发了这种必然表现，把中庸之道在更深的层次上归结为中和之道。

在伦理学方面，子思认为将君臣、父子、夫妇、昆弟、朋友这五伦处理好就是"天下之达道"，为人能做到智、仁、勇就是"天下之达德"。政治思想上，他认为"凡为天下国家有九经：曰修身也，尊贤也，亲亲也，敬大臣也，体群臣也，子庶民也，来百工也，柔远人也，怀诸侯也。"（《中庸·九经治天下》）一个人能够修养自身，才能担负治国平天下的责任。能尊贤就不会困惑。和睦九族就不会招致亲人的抱怨。尊敬重臣就不会遇事慌张混乱。能够体谅下属，他们自然就会以忠义还报。慈爱百姓，百姓会努力上进。招徕能工巧匠，国家就能物品丰富。善待远客，四方之人都来归顺。抚顺诸侯，天下都会敬畏。

后来孟子受业于子思的门人，继承并进一步发挥了子思的学说，开创了战国时期的显学——思孟学派。

子思上承孔子、曾子，下启孟子，在儒家道统中占有重要地位。宋崇宁元年（1102年）因"圣人之后，孟氏之师，作为《中庸》，万世宗仰"，子思被追封为沂水侯，大观二年（1108年）从祀于孔子庙两庑，端平二年（1235年）升祀大成殿，位列十哲，咸淳三年（1267年）加封沂国公，成为文庙四配（颜回、曾参、子思、孟子）之一，后世尊称为"述圣"。

他在继承弘扬家学的同时，也十分重视家学的传承，非常重视对儿子的教育。《孔丛子·杂训篇》中记载了子思对其子孔白（字子上）的教诲：

> 子上请所习于子思，子思曰："先人有训焉：学必由圣，所以致其材也；厉必有砥，所以致其刃也。故夫子之教，必始于《诗》《书》而终于礼乐，杂说不与焉，又何请？"

子上向子思请教，子思说："我们的先人曾这样教导我们：做学问必须效法圣贤，才能具有真才实学；刀必须经过磨刀石的打磨，才会有锋利的刀刃。正因为如此，夫子教育学生都一定是从《诗经》《尚书》开始，最终教他们学习礼乐，诸子百家的杂学不包括在内，你还有什么可向我请教的呢？"

在子思的悉心教育下，孔白知礼循礼、好学乐道、富有德行。齐威王曾两次召他为相，孔白都不接受，而是致力于学术的研究与传承。孔白秉承家训、继承家学，也注重对家学的传承，重视对儿子孔求的教育。楚王曾因孔求富有学识修养而召他为官，孔求也没有赴任而专注于家学的传承与研究。

在孔子的精心教育下，子思著书教学，对儒学的传承发展具有承上启下的重要作用。子思又特别重视对儿子的教育，将所学传于孔白，对孔氏家学的传承发展也起到承上启下的关键作用。

孔子的七代孙孔穿，字子高，他承继家学，精通礼仪，通晓治国之道，曾游历齐、赵、魏等国，有"天下之高士"的美誉。"白马非马"之辩在历史上非常有名，这一哲学命题由战国时期赵国人公孙龙提出，《孔丛子》中记录了孔穿和公孙龙在平原君处辩论"白马非马"。公孙龙认为"白"是说明颜色的，"马"是说明物体的形状的，形色互不相干；孔穿则认为"马"是马的总称，"白"是马的颜色。平原君认为他"理胜于辞"，公孙龙"辞胜于理"，而"辞胜于理，终必受绌"。公孙龙认识到一般与个别两个概念的差异，但过分夸大了差异，而孔穿则认识到一般与个别的辩证关系。

孔穿在政治上也信守孔子的主张。《孔丛子》中记载了孔穿在魏国时和魏国君臣关于治国、用人的一些对话。魏国国君安釐王问君主应该担心什么，孔穿回答说：任命了大臣不与他商量家国大事，却采用宠幸的臣子的意见，那么有智慧的臣子就会怀疑国君疏远了自己，宠臣当面揣测国君心意而投其所好，在外却谈论国君的过错，这就是国君最大的忧虑。（魏王问人主所以为患，子高对曰："建大臣而不与谋，嬖幸者言用，则知士以疏自疑，孽臣以遇徼幸者，内则射合主心，外则挺主之非，此最人主之大患也。"《孔丛子·对魏王》）魏王又问怎么样才能称得上是大臣，孔穿回答说：大臣一定是从众人中选拔出来能够犯颜谏诤、公正无私的人；计谋为君主制定好，如果事情成功，由君主对其赏赐进行裁定，如果事情不成功，大臣承担责任。君主任用大臣而不怀疑，臣子敢于担当而不躲避责任。（魏王问如何可谓大臣？子高答曰："大臣则必取众人之选，能犯颜谏事、公正无私者。计陈，事成，主裁其赏；事败，臣执其咎。主任之而无疑，臣当之而弗避。"《孔丛子·对魏王》）

信陵君，魏安釐王的弟弟，是著名的战国四公子之一，他问孔穿古代善于治理国家者能够使国家达到没有诉讼的地步，这是怎么做到的呢？孔穿回答说：这是因为施行善政，君主和臣下都能勤以修德而没有私心。没有什么是道德不能化成的，也没有什么风俗是不能改变的。民众所称誉的，就从政令上推行；民众所批评的，就禁止。民众的毁损和赞誉都和政令相呼应，所以就没有打官司的了。（信陵君问曰："古之善为国至于无讼，其道何由？"答

| 山东曲阜孔府大门

曰："由乎政善也，上下勤德而无私。德无不化，俗无不移。众之所誉，政之所是也；众之所毁，政之所非也。毁誉是非，与政相应。所以无讼也。"《孔丛子·对魏王》)

孔穿著有《谰言》十二篇，《汉书》评论《谰言》为"陈人君法度"，上文所引《孔丛子》中的孔穿答魏王问"人主所以为患"和"如何可谓大臣"，答信陵君问"古之善为国至于无讼，其道何由"，以及在齐国论临淄宰、在魏国论张叔与范威等，都是这些方面的内容，很可能来自散佚的《谰言》。

历史文献中没有关于孔穿跟从谁学习的记载，大致应该来自家学。他的祖父孔求（孔白的儿子）、父亲孔箕所习不详，但孔求不赴楚王召请，孔箕曾担任魏相，他们都是当时当世非常有名望的人，以学问著称。

陈亢在问孔鲤孔子是否对他有格外的教导之后，得知孔子只是教育孔鲤学诗学礼后，说自己问一得三，"闻《诗》，闻《礼》，又闻君子之远其子也"，古代君子大多并不会自己教育自己的儿子，而是易子而教。对于父不教子的原因，孟子曾经分析说：古人之所以父不教子，是因为父教子必用正道，如果无效，父亲就容易发怒，父亲发怒，儿子就会说父亲拿正道教我而自己的行为却不符合正道，父子互相责难就有伤父子之间的感情，所以古代的君子不亲自教育儿子，而是请别人来教。古代易子而教，而孔氏家族却能在学术上父子相传，这是非常难能可贵的。

到了明代，孔氏族人经过数千年的繁衍生息，早已遍布全国。如何管理这一庞大的家族，更好地约束族人，传承先祖的遗训，成为孔子第六十三代孙孔尚贤面临的首要问题。孔尚贤为吸取教训，不负祖训，约束族人，颁布了孔氏家族第一部完整的族规——《孔氏祖训箴规》。

孔尚贤在《孔氏祖训箴规》中开宗明义地指出："我祖宣圣，万世师表，德配天地，道冠古今。子孙蕃庶，难以悉举。故或执经而游学，或登科而筮仕，散居四方，所在不乏，各以祖训是式……"这部《孔氏祖训箴规》条例共计十条，是孔尚贤总结先人教诲、自身经历反思的结果，其主要目的是告诫族人要"崇儒重道，好礼尚德"，务要读书明理，核心理念是"勿要嗜利忘义，勿要有辱圣门"。《孔氏祖训箴规》在家庭生活方面，要求子孙祭祀祖先，不忘其本；与家人相处要遵循父慈子孝、兄友弟恭的和睦原则。在个人行为方面，则强调面对利益勿嗜利忘义，管理公务要秉承克己奉公的原则。

学诗学礼的祖训，重视教育的传统，礼门义路的家风，加之朝廷对孔子后裔给予的关照，使孔氏家族人才辈出，学术发达，成为中国文化水准最高的家族之一。

汉代实行察举制进行人才选拔。汉高祖十一年（公元前196年）发布求贤诏书，令中央和地方各级官员向朝廷推荐人才，文帝诏令"举贤良方正能直言极谏者"，并向各诸侯王、中央的三公九卿和地方郡守下达了推荐名额，武帝"令郡国举孝廉各一人"，不久又相继增加了茂才、明经等常科和明法、尤异、治剧、兵法、阴阳灾异等众多特科，加之太学博士弟子结业考试分为甲乙科录用为官，形成了常科（孝廉为重点）、特科（贤良方正为重点）、教育（博士弟子）为一体的人才选拔制度。孔氏子孙世守家学，人才辈出，历代有很多人受到推举，西汉时孔忠、孔武、孔安国、孔臧、孔让、孔延年、孔霸、孔衍、孔光等十余人相继担任了太学博士。东汉时，许多孔氏族人被推举为孝廉、明经、文学，孔宙、孔翊、孔彪兄弟都被举为孝廉，他们的子辈孔褒举孝廉，孔昱举方正，孔融也经推荐举高第。六朝时，孔衍曾举异行、直言，孔乘、孔靖等举孝廉，孔稚圭、孔休源、孔奂等举秀才，隋朝孔颖达则举明经高第。

唐代大行科举以后，孔氏族人多中进士、明经。孔岑父的六个儿子中，孔载、孔戣、孔戡进士，孔戢明经。孔氏三十九代孙中有一人状元，一人榜眼，四位进士，两位明经；四十代孙兄弟十五人中，有四位状元，五位进士，一位明经，无功名者一位曾任太子舍人，一位曾任曲阜知县；四十一代孙九人中有四位进士。四十代孙孔拯、孔振兄弟二人皆获状元，更是被传为佳话。到北宋时孔氏子孙增多，科举开始兴盛，四十三代文宣公四子中二人进士，十个孙子中三名进士、二名同学究出身，曾孙十人中三名进士，子孙连续八代进士，因元代停止科举才中断。孔颖达后裔临江派科举更为兴盛，从晚唐至宋末十三代连续进士登第，250 名族人有进士 38 名，举人 7 名。经过将近四百年的沉寂，明代末期孔氏科举才开始复苏，清乾隆年间重新兴盛，六十七代衍圣公从孙辈开始连续五代进士，有进士 9 人，举人 20 人。

从民国的《孔子世家谱》看，孔氏共有 5000 多人获得进士、举人、生员等各等级的功名。子孙有著述者 300 多人。孔氏人口约占全国总人口的 0.29%，《中国人名大辞典》收录孔氏名人 194 人，占名人总数的 0.43%，高出人口占比近 50%。

孔氏家族的著名人物有思想家孔子和子思，经学家孔安国、孔颖达、孔广森、孔继涵、孔继汾等，文学家孔融、孔稚珪、孔文仲、孔武仲、孔平仲、孔尚任等，名臣有孔光、孔巢父、孔纬、孔戣、孔道辅、孔毓珣，奋勇报国的孔奋、孔宗旦、孔繁森，医学家孔伯华，元末外迁朝鲜的孔氏后裔有孔昭父子宰相、朝鲜原副总理孔镇泰等。

"礼乐传家久，诗书继世长"，孔子裔孙仍然恪守着孔子的遗训，这副对联就是他们的心声。

孔子推崇尧、舜、文、武之道，精通周公礼乐制度，集中国文化之大成，创立了长盛不衰的儒家学派，被后世尊为圣人。孔子认为，君子修身，必须择善而从，谨言慎行。他在《周易·系辞》中强调："君子居其室，出其言善，则千里之外应之，况其迩者乎？居其室，出其言不善，则千里之外违之，况其迩者乎？"这句话是说一个人坐在屋里不出门，如果说出一句善意的话，那么千里之外都会有人呼应，更何况是近处的人呢？如果一个人在屋里说了一句不好的话，即使是千里之外的人也会背弃他，更何况是很近的人呢？一般普通人的影响很小，不外乎家里的妻子、儿女，我们从一个人的言语里面，就可以体会到他的家教如何。孔子的这些主张，不仅被世人广为接受，也被其族人世代传承，对孔氏家族家风家规的形成产生了极为深远的影响。

4. 后世影响

　　孔子的"诗礼传家"不仅在孔门族人中传承，而且影响到整个齐鲁大地文化底蕴的形成。春秋时期是一个社会大变革的时期，与之相对应的是服务于旧体制的"学在官府"的教育机制逐渐衰落，而适应于新的政治、经济形势要求的教育组织形式——私学应运兴起，出现了"天子失官，学在四夷"（《左传·昭公十七年》）的现象。春秋时期的私学，以孔子所办的规模最大，成就最高，时间最长，影响最为深远。他打破了"学在官府"的壁垒，倡导"有教无类"（《论语·卫灵公》）的教育主张，使受教育者不分贵贱、贫富、贤愚等都有机会接受教育。这一主张扩大了受教育者的对象和范围，孔子在招收学生时表示"自行束脩以上，吾未尝无诲焉"（《论语·述而》），意思是自己拿着十条干肉为礼来见我的人，我从来没有不给他教诲的。他杏坛设教，弟子三千，出身各异。

　　孔氏的子孙并不满足于仅仅在家族内部传承孔子思想，还纷纷收徒设教，著书立说。其孙子子思首先继承祖业，一生授徒；第十四代孙孔光以诗书教于阙里，所教弟子多数成为博士、大夫。十九代孙孔僖卒于临晋（今陕西大荔）任上，其子孔长彦、孔季彦留守坟墓，兄弟相勉，传承家学，门徒数百人。十九代孙孔宙出任官职但也不忘收徒，他官至泰山都尉，从墓碑题刻看有门生 42 人、弟子 10 人、门童 1 人，分布在今山东、河南、河北、江苏、安徽等地。

"周礼尽在鲁矣"的说法也说明了春秋时期的鲁国在保存周礼和受周礼熏陶方面的特殊性。宋代苏辙到密州看望哥哥苏轼时写下了这样的诗句"至今东鲁遗风在，十万人家尽读书"，也表明了孔子"诗礼传家"对齐鲁大地的文化影响力。孔子"诗礼传家"的佳话是我国历史上众多教子齐家故事的典型范例，其中蕴含的知识教育、道德教育的经验，至今仍然是我们民族传统家训中的精华部分。

历史上，除了孔氏家族之外，帝王之家、官宦门第、豪门贵族等无不非常重视家训家风。即使在平常百姓家，只要有着耕读常识和关心孩子成长的家庭，也十分注重家风。这种传统与孔门一样不仅仅着眼于眼前的儿女，更着眼于世代子孙的培养。家风的培养与传承不仅仅是一个家庭教育的问题，而且是关系国民文化培养和民族长远发展的大问题。在浩瀚的家训文化中，从汉高祖的《手敕太子文》、唐太宗的《帝范》、康熙帝的《庭训格言》到《钱氏家训》《颜氏家训》《朱子家训》等都是家训文化中的经典，家训的熏陶在励志、劝学、明德等方面为后代的健康成长传递了正能量，产生了不可替代的积极作用。

随着时代的发展，现在的家庭结构和以前有了很大的不同，相较于以前的大家族，现在的家庭以父母和一两个子女构成的小家庭为主，其中独生子女家庭占有很高的比例，如今少子化的家庭为孩子成长提供的物质生活条件十分优越，但这样的家庭往往出现六个大人围着一两个孩子转的情况，进而在家庭教育中容易出现过分溺爱、漫无目标、不守家风等问题，孩子身上则表现出自私懒惰、心理脆弱、缺少合作意识、缺乏责任感等现象。这些教育问题，如果不及时纠正、解决，势必会影响后代的发展，影响家风文化的传承。所以，我们今天重提家风建设有着积极的现实意义，这是传统家风文化的历史回归，是对我们祖先历史智慧的自觉与重建。

当下的家风建设问题，一方面关系后代培养与家庭道德建设的问题。2022年6月8日，习近平总书记在四川考察时说道："家风家教是一个家庭最宝贵的财富，是留给子孙后代最好的遗产。要推动全社会注重家庭家教家风建设，激励子孙后代增强家国情怀，努力成长为对国家、对社会有用之才。"[1] 古往今来，许多能成就事业者，与良好家教家风密不可分。唐朝节度使钱镠，衣锦还乡时前呼后拥、十分得意，然而他父亲却躲起来不见他，让钱镠十分不解。后来他找到父亲，再三追问，父亲说，我们世世代代都是农民，如今你这样显贵，周围的人必然心生嫉妒，盼着你栽跟头，这样会祸及家族，所以我不敢见你。钱镠听了如梦初醒，从此低调做人、小心做事。实践证

---

① 中共中央党史和文献研究院编：《习近平关于社会主义精神文明建设论述摘编》，中央文献出版社2022年版，第292页。

明，良好的家教家风、通达事理的家人亲属，本身就是成才立业的后盾、扶正祛邪的屏障。

中国共产党人继承了中华民族重视家教家风的传统美德，形成了以严以修身、严以用权、严以律己、严格要求亲属子女等为主要内容的红色家风。毛泽东在严家教、正家风上为全党同志作出了表率。他律己严，不为亲徇私；念旧，但不为旧谋利；济亲，但不以公济私。周恩来在树立良好家风上也是有口皆碑，反复告诫亲属要做普通人，所定的"十条家规"就像一面镜子，映照出共产党人的高风亮节，堪称严家教、正家风的生动教材。有许许多多的党员干部，在家教家风上留下了为人称颂的佳话：焦裕禄教育孩子不能看"白戏"、杨善洲不让家人搭"顺风车"等，为我们树立了良好家教家风的榜样。

另一方面，家风建设是关系社会政风和民族道德风尚的大问题。唐代张九龄在《千秋金鉴录》中讲："治国之道，实由家治也。"家风连着党风和政风，当前的党风廉政建设也呼唤着传统家风的回归。党的十八大以来，习近平总书记反复强调家教家风问题，发表了一系列重要论述。在十九届中央纪委六次全会上，他明确指出："领导干部特别是高级干部一定要重视家教家风，以身作则管好配偶、子女，本分做人、干净做事。"① 这一重要指示为加强新时代家教家风建设作出了明确要求、提供了根本遵循。我们要认真学习领会，将其切实体现到

---

① 《习近平谈治国理政》第四卷，外文出版社 2022 年版，第 551 页。

家庭和工作生活中去、融入到党性和品德修养中去、落实到遵规守纪的自觉行动中去。家风家教的重要性，正如清初直臣魏象枢所言："一家之教化，即朝廷之教化也。教化既行，在家则光前裕后，在国则端本澄源。十年之后，清官良吏，君子善人，皆从此中出，将见人才日盛，世世共襄太平矣。"

历史的经验表明，重视家文化就是重视国文化。《易经》中说："蒙以养正，圣功也。"意思是在蒙童时代培养正直无邪的品质，是造就圣人成功的必经之路。在每个家庭，如果孩子从童蒙时期就能得到良好的家庭教育，这已经是一种神圣的功业。又如梁启超在《少年中国说》中所说："今日之责任，不在他人，而全在我少年。少年智则国智，少年富则国富，少年强则国强，少年胜于欧洲则国胜于欧洲，少年雄于地球则国雄于地球。"

当今社会，人们越来越认同家风潜移默化的影响，认识到好的家风对家庭、社会和国家的积极作用。众多家庭自发地加强家风建设，而且国家也大力提倡家风建设，把家风与党风、政风等联系起来，把家风视为社会风气的重要组成部分。

孔子学诗学礼的教诲，不仅影响并成就了孔氏家族，也影响并成就了中国士大夫家族。随着孔子思想的对外传播，朝鲜、越南、日本等中国近邻也将孔子思想奉为重要的指导思想，学诗学礼也成为众多士大夫家族的家训和家风。

中国历代的家训、家规，无不受到孔子学诗学礼的影响。诸葛亮《诫子书》说"才须学也，非学无以广才，非志无以成学"，《颜氏家训》说"士大夫子弟，数岁已上，莫不被教，多者或至《礼》、《传》，少者不失《诗》、《论》"，陆游也曾说"子孙才分有限无如之何，然不可不使读书"，朱柏庐的《治家格言》中说"子孙虽愚，经书不可不读"，而童蒙读物《三字经》则开列了读书的顺序，"'四书'通，《孝经》熟，如'六经'，始可读"。孔氏学诗学礼的祖训，诗礼传家的家风，几乎影响了每一个中国人。

在齐鲁大地这片沃土上，正是因为有孔子及其儒学的传播才促使后世儒经大家辈出，世族大家不绝。这些一个个科甲连第、人才辈出的文化世家，又往往成为一个州、县或更大区域内的文化地标，其显赫门第以及通过仕宦联姻、交游、教育等渠道形成的文化传播力，深深影响着一个地域的文化发展。齐鲁之邦的泱泱大风便是通过一个个家庭化作涓涓细流流淌在子孙的血液里，世代相传，虽经历千年其风未改，而其所承载的家风文化也汇集成汪洋大海，使得齐鲁家风成为中国优秀家风的代表。

 知识链接

孔氏家训家规节选

不学诗，无以言。不学礼，无以立。

——《论语·季氏》

谱牒之设，正所以联同支而亲一本。务宜父慈子孝，兄友弟恭，雍睦一堂，方不愧为圣裔。

——《孔氏祖训箴规》

春秋祭祀，各随土宜。必丰必洁，必诚必敬。此报本追远
之道，子孙所当知者。

——《孔氏祖训箴规》

崇儒重道，好礼尚德，孔门素为佩服。为子孙者，勿嗜利
忘义，出入衙门，有亏先德。

——《孔氏祖训箴规》

（二）诸葛家风，勤勉笃行

诸葛姓氏源于先古之时的葛天氏。诸葛氏本来是琅琊诸县
葛氏的一支。西汉元帝时，诸县的葛氏迁居到琅琊阳都后，因
为当地已经有姓葛的，为了与当地的葛姓区别开来，便称为诸
葛氏。诸葛丰是历史记载的第一个姓诸葛的人，是琅琊诸葛氏
的始祖。

诸葛家族，受齐鲁之地经世进取、质朴尊儒的社会风气的
影响，加上其家族本身所具有的特立刚直的作风，逐渐形成了
勤勉笃行、忠正廉直、志存高远的家族风气，为诸葛氏族人的
成才提供了良好的氛围和坚实的文化基础。在三国两晋时期，
诸葛氏家族人才辈出，涌现出了如诸葛瑾、诸葛亮、诸葛诞、
诸葛恪、诸葛恢等英才俊杰，声名显赫，诸葛氏也成为天下
盛族。

诸葛丰与治《公羊春秋》的贡禹（约公元前124—约前44

年，西汉政治家、经学家）关系密切。贡禹不仅是诸葛丰的学业前辈，而且是诸葛丰进入仕途的领路人和上级，诸葛丰开始为官是贡禹提拔的。贡禹为人"质直"，为官"不阿当世"，对诸葛丰"特立刚直"品格的形成产生了一定的影响，进而对诸葛氏家风的形成起到了奠基作用。此外，诸葛丰还与贡禹的同郡好友王吉，公羊学大家王中，易学大家梁丘贺、梁丘临父子关系密切，并接受过黄老思想，这种以儒学为主，兼采他学的做法与琅琊地区的学术氛围是一致的，对诸葛氏家学的形成及诸葛亮的成长影响较大。

诸葛丰曾担任西汉司隶校尉，因此，诸葛氏家族自诸葛丰开始便是琅琊阳都比较有名望的家族。

司隶校尉是汉代国家的监察官。监察权是其主要、基本的权力。除了监察权以外，还拥有治安、领兵、议政、荐举、社会事务管理等多种权力。汉武帝刘彻为了加强京城的治安，设立了司隶校尉一职，其主要职责是监察京城百官和三辅（西汉时本指治理京畿地区的三个职位的官员：京兆尹、左冯翊、右扶风，后来指这三个职官管辖的地区）、三河（指河东、河内、河南三郡）及弘农七郡的官员。司隶校尉初设时能持节，表示受君令之托，有权弹劾公卿贵戚，所以地位较高。诸葛丰担任司隶校尉对提高诸葛氏家族的地位起到了较大的作用。

1. 勤勉笃行

琅琊诸葛氏家风是指以诸葛亮为代表的琅琊诸葛氏家族的

家风。在历史上，琅琊诸葛氏家族没有人总结其家风，但是，从诸葛丰、诸葛亮、诸葛瑾、诸葛诞等诸葛氏英杰身上和诸葛亮家训中可以看出，从西汉到三国时期，琅琊诸葛氏家族已经形成了内容较为固定、影响较为深远的家风，如刚直、忠诚、博学、尚智、笃实、躬行、淡泊、宁静、俭廉等。

从历史上看，诸葛氏族人治学讲究经世致用。他们读书，多主张从书中汲取有益于经国济民的成分，而很少有穷究章句的人。因此，诸葛氏家族虽然学者众多，但是都已转化为著名的政治家或军事家，而没有皓首穷经的所谓纯学者。如诸葛亮读书"独观其大略"，强化了读书的实用功能，以学习经国济世知识为主。

从实际行动上看，诸葛氏族人多淳厚朴实，注重身体力行和亲身实践。例如，诸葛丰从下层负责文化教育的官员做起，较多地接触社会实际情况。因为业绩突出，被推荐任司隶校尉后，他认真履行职责，甚至为了尽职尽责不惜得罪皇帝，更不在乎被免职。因此，从诸葛丰开始，诸葛氏家族就已有勤勉、笃实躬行的家风。

诸葛亮是勤勉、笃实躬行家风的忠实继承者，是躬行的典范。他在隆中未出山辅佐刘备之前，就躬耕南阳，边读书学习，边种菜、种瓜、种粮食，还为刘备分析了天下大势，设计了行动规划和奋斗目标，即《隆中对》。《隆中对》的提出，既是诸葛亮勤奋学习的结果，又是诸葛亮践行勤勉、笃实躬行家风的写照。诸葛亮长期在隆中生活，不仅有名师司马徽、庞德公、酆公玖等人的教诲，而且有黄承彦、马良、习祯、杨虑等名士的频频指点以及徐庶、石广元、孟公威等同学的相互激励。这样的环境，加上诸葛亮的虚心好学和关心时政，使诸葛亮成长为一个博学多才、奋发有为的杰出人才。也正因为如此，当刘备请诸葛亮出山时，诸葛亮才能在第一时间向刘备献出像《隆中对》这样高屋建瓴而又切实可行的战略决策。

诸葛亮辅佐刘备后，提出了"令国中凡有游户，皆使自实"计，帮助刘备扩充军队，舌战群儒，促成孙刘联盟，大败曹操军队，进而帮助刘备控制了荆州等地；谋划进军益州，或带兵到前线作战，或在后方积极恢复和发展社会生产，安定社会秩序，调集军饷支援前线。

章武三年（223年），刘备托孤于丞相诸葛亮。刘禅即位后，封诸葛亮为武乡侯，蜀国政事不分大小，全由诸葛亮决断。

为了巩固蜀汉政权，诸葛亮自称："受命以来，夙夜忧叹，恐托付不效，以伤先帝之明。"事实上也是这样的，他面对百废待兴和强敌在侧的形势，对外，恢复了与东吴的友好往来；对内，平息南部叛乱，选贤任能，制定法规，屯田垦荒，重视蜀锦，实施盐铁官营，发展经济，增加税收，加强蜀汉政权的自身建设，取得了良好的效果。在此基础上，他于建兴五年（227年）率军北伐曹魏，意欲实现"兴复汉室，还于旧都"的战略规划。

在处理国家大事的过程中，诸葛亮恭谨勤勉，坚持笃实躬行的精神，愈到晚年愈为突出。事无大小，他都亲自从公决断，"夙兴夜寐，罚二十以上，皆亲览焉"。直至操劳过度，病死军中。

对诸葛亮的笃实躬行，特别是事无大小，他都亲自从公决断，虽不无可议论之处，但他的勤勉、躬行、实干、敬业的精神是值得充分肯定的。

此外，诸葛亮《作斧教》一文也从一个侧面反映了诸葛亮的躬行笃实。

229 年，诸葛亮派陈式率军攻打武都（今甘肃武都）、阴平（今甘肃文县西北），他自己率大军到建威，魏军郭淮部退走，于是平定了武都、阴平二郡。

蜀军进驻武都、阴平后，进行了休整。其间，诸葛亮对后勤工作进行了一次全面检查。他亲自过问武器的质量问题，令主管部门监制了几百把刀斧，试用了一百多天后，没有损坏的。同时，他亲自查清了攻武都时刀斧被鹿角损坏的原因，依法追究主管官吏的责任。为申明事情的重要性，他发布了《作斧教》一文。

在《作斧教》中，诸葛亮指出："前后所作斧，都不可用。前到武都一日，鹿角坏刀斧千余枚。赖贼已走，若未走，无所复用。间自令作部作刀斧百枚，用之百余日，初无坏者。余乃知彼主者无意，宜收治之，非小事也。若临敌，败人军事矣。"意思是说，前一段时间，先后制造了刀斧，都不合用。不久前，我军到达武都那天，因砍敌人的鹿角就用坏了一千多把刀斧，幸好敌人已经败退，如果没有败退，就没有刀斧可以使用了。最近我命令作部新制作了数百把刀斧，使用了一百多天，还没有用坏的。我才知道上次主管制作刀斧的官吏不负责任，应当对其拘捕治罪，这不是小事。如果这种情况再出现在战斗中，就要破坏我军的军事行动了。

位居丞相的诸葛亮亲自视察后勤工作，并解决存在的问题，处罚相关责任人，可谓亲力亲为。

在诸葛恪、诸葛恢等晚辈中，勤勉谨慎、笃实躬行的风气仍是十分浓厚的。如诸葛恪在受诏辅政后，较好地继承了家风传统，仅在处世谨慎方面比其叔父诸葛亮略差一些。

诸葛恪不仅才思敏捷、能言善辩，而且是一位实干家。他任丹杨太守时，经过精心研究，采取切实可行的措施，平定了山越，解决了东吴一个多年想解决而未能解决的难题。

孙权去世，孙亮继位后，诸葛恪是首席辅政大臣，掌握吴国的军政大权。此后，他在政治、军事等方面采取了一系列改革措施。

在政治上，首先，诸葛恪"罢视听，息校官，原逋责，除关税"（《三国志·吴书·诸葛滕二孙濮阳传》）。所谓"罢视听，息校官"，就是废除校事制度，校事的主要作用是替统治者刺探群臣、监视世家大族的动向。因此废除校事制度之后，诸葛恪在朝廷官员和士家大族中获得了很高的声誉。"原逋责，除关税"，则主要是减少对民间的征税。他的改革顺应了社会的要求，有改革弊政的深意，因而深得士民的拥护。

所以，在东吴，每当诸葛恪出入，百姓都争相看他，并以看到他为荣。

其次，诸葛恪调整统治集团内部的权责分工，试图把东吴诸王调离政治军事重地。

最后，诸葛恪打算迁都武昌。东吴的国都建业是孙吴皇族及其他世家大族的大本营，诸葛恪欲迁都武昌，是为了摆脱旧势力的束缚，改善处境，为改革减少阻力。

在军事上，诸葛恪发动了针对曹魏的北伐战争，想通过建立军功来提高声望，进而巩固和加强权位。建兴元年（252年）十月，诸葛恪领兵四万，在天寒大雪的日子里，突袭魏军并得胜，杀死魏军数万人，缴获大量的武器物资。诸葛恪的威望大升。

第二年春，诸葛恪派人与蜀汉大将军姜维联系，想联合蜀汉攻魏，但引起了孙吴上下的强烈反对。他力排众议，一意孤行，率领二十万军队攻打魏国，以失败告终。随着军事斗争的失败，诸葛恪的改革也失败了。尽管如此，诸葛恪的恪尽职守和实干精神还是值得肯定的。

诸葛氏后裔中的另一个代表性人物是诸葛恢（284—345年，东晋名臣，曹魏司空诸葛诞之孙，东吴右将军诸葛靓之子）。诸葛恢除以"政清人和"名闻天下外，还以善于处理复杂而繁重的实际事务、笃实躬行而见于史册。史载："时四方多务，笺疏殷积，恢斟酌酬答，咸称折中。"（《晋书·列传第四十七》）他还"进忠实，退浮华"。"进忠实"即提拔任用忠于王事而肯于实干的人，"退浮华"即斥退或罢免华而不实、浮虚无为的官员。提出这样的主张与诸葛氏笃实躬行的家风是一脉相承的。

2. 诸葛家风的影响

琅琊诸葛氏家风内涵丰富，特色鲜明，具有较强的教化作用，显示出了极强的生命力，不仅对诸葛氏后裔，而且对我国家教文化和中华民族精神都产生了很大的影响。

诸葛亮的后裔很好地继承和弘扬了琅琊诸葛氏家风。例如，诸葛恪效忠吴国。诸葛恪的忠贞主要表现在他对吴国幼主的辅佐上。太元元年（251年），孙权临危召诸葛恪"诸事一以相委"，也就是托孤，与刘备永安托孤给诸葛亮的情形十分相似。手握军政大权的诸葛恪也像诸葛亮那样感激涕零，完全按照孙权的遗诏把太子孙亮扶上了皇位，并曾尽力辅之。他还给其弟诸葛融写信，要求弟弟"整顿军具，率厉将士，警备过常，念出万死，无顾一生，以报朝廷"（《三国志·诸葛恪传》）。

诸葛瞻（诸葛亮之子，蜀汉后期重臣）父子在历史上以杀身成仁而被著于史籍。景耀六年（263年）冬，诸葛瞻率军奋力抵抗魏国征西将军邓艾，激战后壮烈殉国，他的长子诸葛尚亦同时阵亡。对此，时人予以崇高评价。东晋人干宝说："瞻虽智不足以扶危，勇不足以拒敌，而能外不负国，内不改父之志，忠孝存焉。"（《三国志·蜀书·诸葛亮传》）

诸葛诞（诸葛亮族弟）的儿子诸葛靓在吴国官至大司马。

《世说新语·言语》中记载："诸葛靓在吴，于朝堂大会。孙皓问：'卿字仲思，为何所思？'对曰：'在家思孝，事君思忠，朋友思信，如斯而已。'"晋灭吴后，诸葛靓隐匿不出，不愿出仕于晋，又不面向朝廷而坐，以示对孙吴的忠心。

诸葛诞的小女儿则嫁给了太尉王凌之子王广。王广，字公渊，有风量才学，名重当世。后因王凌废立事件牵连，夫妇同被诛杀。时人赞诸葛诞的女儿不改诸葛氏家风。

琅琊诸葛氏的远代后裔分布广泛，家族文化也因地域文化和传播者的差异而有所不同，但其核心内容是一致的，即都继承了琅琊诸葛氏优良的家风，都以《诫子书》等家训训诫子弟。例如，在琅琊诸葛氏后裔居住的浙江省兰溪市诸葛村，建筑格局按"八阵图"样式布列，村子中心为钟池。

诸葛村宗祠制度非常严密，族中的祭祖、家教、农耕、社交等活动，均以《诫子书》《诫外甥书》等祖训为准绳。入学者首先要习诵《诫子书》，必须熟记不忘，且要继承诸葛亮立志、广学、成才、宁静、淡泊、俭廉的志趣。学子们还要从事农业劳动，以示继承诸葛亮在隆中布衣躬耕的传统。

诸葛村的住宅装饰、门对楹联也反映出了诸葛氏家风的内涵。例如，门对有"诸葛大名垂宇宙，宗臣遗像肃清高"，"鞠躬尽瘁扶汉室，澹泊宁静传家风"，"俭而养德明志远，学以成才贵淡宁"，"丞相子孙聪慧种，高隆辈出读书人"等；楹联有"田十五顷，桑树八百株，完其澹泊、永垂百代清廉典范；雄文廿四篇，珠玑数万字，教我子孙、宜享万年俎豆馨香"。可见，诸葛亮的思想和作风深深地影响了诸葛氏后裔的家族文化。

诸葛氏家族优良的家风，不仅在诸葛氏后裔中得到传承，而且在其他家族也不同程度地得到了弘扬，对我国的家教文化产生了一定的影响。诸葛亮之后的历代家教多引用诸葛亮家训或受诸葛氏家风的影响、启发。如南北朝时颜之推的《颜氏家训》、唐代的《太公家教》、北宋司马光的《家范》、明清之际学者孙奇逢的《教子家训》、清代教育家朱柏庐的《治家格言》等，都在不同程度上受到了诸葛氏家训内容的启示和影响。

晋朝时，西凉王李暠（351—417 年），字玄盛，陇西人，其后人称其为"陇西公"。他曾被唐朝李氏奉为先祖，唐玄宗李隆基天宝二年（743 年）追尊李暠为兴圣皇帝，诗人李白、李商隐也尊李暠为先祖。李暠对诸葛亮《诫子书》的思想推崇备至，曾亲自书写《诫子书》劝勉他的儿子说："览诸葛亮训励，应璩奏谏，寻其终始，周孔之教尽在中矣。为国足以致安，立身足以成名，质略易通，寓目则了，虽言发往人，道师于此。"（《晋书·凉武昭王李玄盛传》）希望他的儿子师法诸葛亮的家训，以立身安国。

在今天，仍有许多人以诸葛亮家训中的名句"澹泊以明志"，"宁静以致远"，"志当存高远"，"静以修身，俭以养德"，"非学无以广才，非志无以成学"等为座右铭。

特别值得一提的是，习近平总书记也十分欣赏"非学无以广才，非志无以成学"的说法。

2014 年 5 月 4 日，习近平总书记到北京大学与师生座谈，

清赵藩《攻心联》（四川成都武侯祠博物馆藏）

在讲话中指出，广大青年树立和培育社会主义核心价值观，要在"勤学""修德""明辨""笃实"这几点上下功夫。

在讲到"勤学"时，习近平总书记指出："知识是树立核心价值观的重要基础。古希腊哲学家说，知识即美德。我国古人说：'非学无以广才，非志无以成学。'大学的青春时光，人生只有一次，应该好好珍惜……要勤于学习、敏于求知，注重把所学知识内化于心，形成自己的见解，既要专攻博览，又要关心国家、关心人民、关心世界，学会担当社会责任。"① 在这里，习近平总书记引用了诸葛亮《诫子书》中的"非学无以广才，非志无以成学"这句话，勉励广大青年学生立志、向学、成才。这是诸葛亮家训历久弥新、至今仍然具有生命力的很好佐证。

---

① 《习近平谈治国理政》第一卷，外文出版社 2018 年版，第 172 页。

忠君爱国是诸葛家风的另一重要特质，其本质是与以爱国主义为核心的中华民族精神相一致的。诸葛亮"鞠躬尽瘁，死而后已"的风范具有巨大的精神感召力，千百年来感染了一代又一代的仁人志士。每当民族危急的时刻，许多英雄豪杰、仁人志士以诸葛亮为榜样，用他的事迹激励自己，为国尽忠效力。如北宋李纲在靖康初年因为力主迎战金兵而被贬谪，宋高宗即位后召他为相，他仍然致力于恢复大业。他的精神支柱就是诸葛亮，他曾说："诸葛亮佐蜀，连年出师以图中原，不如是不足以立国。"（《宋史·李纲下》）抗金名将宗泽临终之时，含恨吟诵杜甫写诸葛亮的名句"出师未捷身先死，长使英雄泪满襟"，三呼"过河"而死。南宋志士文天祥十分仰慕诸葛亮，曾作《怀孔明》诗："至今《出师表》，读之泪沾胸。汉贼明大义，赤心贯苍穹。"

鸦片战争后，国家内忧外患，大批忧国忧民的仁人志士期盼具有经天纬地之才、安邦定国之力的卧龙诸葛亮再现，以救国安民。如甘肃兰州五泉山武侯祠殿中题联云："凭栏纵眼观，叹东方大陆，风起云飞，欲请卧龙作霖雨；寻壑恣幽赏，值西域胡氛，烟销火灭，且容立马看河山"。甘肃秦州武侯祠中的楹联说："乾坤群盗满，叹邻境几无净土，雷雨何曾起卧龙；宫府一身肩，倘将星不落前军，江山未必归司马。"民国时，南阳执事曹慕时为南阳卧龙岗武侯祠题联，表达了自己虽然只是个小吏，不能与丞相诸葛亮相比，但向"乡贤"诸葛亮学习，为国尽忠效力的心境："叹风尘末吏，未遑窃比，追溯鞠躬尽瘁，心香一瓣学乡贤。"

诸葛氏家族为学、为官、修身、养性皆讲究智慧，换言之，尚智是诸葛氏家风的特点。例如诸葛亮在文化品格上提倡淡泊明志，宁静致远，仁智敦厚，但又积极"入世"，刚直重义，鞠躬尽瘁，死而后已。在学术上兼收并蓄，博采众长，学风上"独观其大略"，主张经世致用。在为官方面，尚德笃行，严于律己；清正廉洁，崇俭抑奢；荐贤举能，礼贤下士；用心平，劝诫明，教之以德，严之以刑；通权达变，因时制宜；为官一任，利民一方。仅从陈寿说他"抚百姓"，"开诚心、布公道"几点上，就可以看到一个充满智慧的古代政治家形象。从治军之道上讲，他既重视战略战术，又重视将士训育及军事后勤保障供应，重视人谋，处处充满智慧，堪称三国时期的翘楚，也是中国古代治军的楷模之一。从发明创造上讲，他善于继承创新，改革"八阵"，"损益连弩"，创制"木牛流马"，"作五折钢铠、十折矛"等。他的智慧体现在修身、养性、学习、立志、做人、做事等很多方面。因此，诸葛亮被视为中国古代知识分子的代表，军师、贤相、良臣的典范，影响久远。至今，人们还常常把那些聪明、有谋略的人称为"小诸葛""活诸葛"或"赛诸葛"等。

诸葛氏家风还强调立志的重要性，有"非澹泊无以明志""非志无以成学""志当存高远"等重要论述，对中华民族尚志精神的形成起到了一定的推动作用。诸葛亮之后，许多有识之士更加强调立志的重要性。例如，魏晋"竹林七贤"之一的嵇康把立志作为人生的第一要义。他说："人无志，非人也。"（嵇康《家诫》）认为一个人若没有远大志向，就不是真正意义上的人。他告诫子孙，人的志向首先要有一个明确的目标，然后要排除干扰，知行合一，持之以恒，坚持到底，不达目的，誓不罢休。他还像诸葛亮一样，向子孙后代深入地分析了志向不坚定对人、对社会的危害。

南宋理学大家朱熹说："学者大要当立志。"（《朱子语类·卷八》）朱熹的学术继承者，南宋学者真德秀也认为，"学者欲去昏惰之病必以立志为先"。

明代学者胡居仁认为："立得志定，操得心定，不至移易，则学自进。"（《居业录·卷二》）明代思想家王守仁认为，为学以立志为先、立志为本，并指出："志不立，天下无可成之事，虽百工技艺，未有不本于志者。"（《教条示龙场诸生·立志》）把立志看成做好一切事情的决定性因素。这与诸葛亮立志思想是一脉相承的。

明清之际的思想家王夫之提出了"以正志为本"的立志教育主张，他曾说："善教人者，示以至善以亟正其志，志正，则意虽不立，可因事以裁成之。"（《张子正蒙注·卷六》），意思是善于教育人的人，将最高境界的德行展示给别人，以尽快端正受教育者的志向；只要志向端正，即使自我发展的意向还没有确立，也可以根据实际情况而教育成就之。这里强调了"正志"的作用，并认为能够示人以至善正志的人是"善教人者"。

诸葛氏家风的精髓与中华民族精神有许多共同或相似之处。因此可以说，诸葛氏家风既是中华民族精神浸润的结果，又在一定程度上丰富和发展了中华民族精神。

🔗 知识链接

夫君子之行，静以修身，俭以养德。非淡泊无以明志，非宁静无以致远。夫学须静也，才须学也，非学无以广才，非志无以成学。淫慢则不能励精，险躁则不能治性。年与时驰，意与日去，遂成枯落，多不接世，悲守穷庐，将复何及！

——《诫子书》

夫志当存高远，慕先贤，绝情欲，弃疑滞，使庶几之志，揭然有所存，恻然有所感。忍屈伸，去细碎，广咨问，除嫌吝，虽有淹留，何损于美趣，何患于不济！若志不强毅，意不慷慨，徒碌碌滞于俗，默默束于情，永窜伏于凡庸，不免于下流矣！

——《诫外甥书》

二、治家：孝亲尚和，勤俭勉学

"修齐治平"的理念是中国文化中非常有特色的核心理念之一，在这种理念的影响下，家国情怀成为中华民族的核心精神，也成为中国传统家风中传递的核心精神之一。

孟子有言："人有恒言，皆曰'天下国家'。天下之本在国，国之本在家，家之本在身。"(《孟子·离娄上》)"恒言"，就是人们经常说的话，"天下国家"是指天下、国、家三个层次。常言道"治国平天下"，要想平定天下，就要从"国"做起，"国"不安定，这"天下"怎么能安定呢？而国的安定，根本在家。

西周时，天子有天下，诸侯有国，大夫有家。后来，"家"这个概念就一直沿用到了现在。要把家治好，就要每个人自身先做好。对于中国人而言，家与国是一体同构的，对于今天的我们而言，家与国的内涵已经发生了很大的变化，然而家国同构的理念、齐家治国的精神仍然需要被一代代传递与继承。

中国传统家风以齐家、治国为核心，本身就承载着中华文明独特的发展路径。中华文明的发展是以家庭为本位、以伦理为中心的，它与西方文明中家国二分的发展路径及以个人为中心、以宗教为归宿的价值取向有着本质的不同。中国传统文化注重内圣外王的价值追求，讲求修身、齐家、治国、平天下的价值连接。家是个人与国家、天下之间最重要的连接点。正如前文提到的，孟子说"天下之本在国，国之本在家"，中国传统伦常有"五常"，其中家庭关系就占据了其中的"三常"，夫妇、父子、兄弟。其他两伦，君臣以父子关系论，朋友以兄弟关系论，推而广之则四海同胞，天下一家。正是中国文化这种独特的关系架构，使得中华文化形成了以伦理道德为基础和核心的发展模式。王国维在《殷周制度论》中指出："周之制度、典礼，乃道德之器械，实皆为道德而设。且古之所谓国家者，非徒政治之枢机，亦道德之枢机也。"①中华文化十分注重以道德为基础来建构价值体系，尊道贵德成为基本的价值理念和追求。王国维接下来说到，一个国家并非只是一个政治机构，也是道

| 曾子画像

德实体，因此，个人道德、家庭道德、国家道德、社会道德等一体并建。由此可见，中华文化是一种以家国同构为基础，讲求家国情怀、家国一体的道德文化。

在中华道德的价值体系中，家庭美德集聚着个人修身的要义并成为国家美德的发展根基。齐家之道既来源于修身之道的要求，也通向治国之道和平天下之道。因此，家庭是道德教育的第一场所，只有家庭内部按照道德的要求和谐相处，治国平天下才有坚实的基础。中华道德的生发与创造同家庭或家族的道德价值追求有着极为密切的关系，因此，中华传统文化形成了重家风、齐家规、严家训的家庭道德教育体系。

---

① 王国维：《殷周制度论》，《王国维遗书·观堂集林卷第十》，上海书店出版社 1983 年版，第 135 页。

中华优良传统家风大量涉及治家之道和各种家庭关系的处理。这些具体的处理方式与准则值得我们借鉴和吸收，如提倡孝敬父母、夫妻和睦、敬长尊贤等。《朱子家训》总论家庭关系准则，提出父要严、子要孝、兄要友、弟要恭、夫妻要和、朋友要信，"见老者敬之，见少者爱之。有德者，年虽下于我，我必尊之。不肖者，年虽高于我，我必远之"。很多家训都宣称为人之道以孝为本，孝顺父母、尊敬长辈是百行之首、万善之源。说到夫妻和睦，许多家训都视夫妻恩爱为家庭幸福美满的根源，古话说夫妻互敬互爱能移昆仑泰山，也就是说夫妻相互敬爱、齐心协力的力量是非常强大的。论及敬长尊贤，古人认为尊重长辈、尊敬师长为天地万物之理，渴慕贤良、见贤思齐是个人成长的必由之路。良好的家风是一个家庭或家族最为重要的、无可取代的精神财富和力量源泉，它影响到每一个家庭成员，支撑着家庭和家族的进步与发展。

对于中国人而言，家庭关系的建立与维系，不仅影响着个体的生存品质，更关系着整个社会的发展进步。《大学》说："一家仁，一国兴仁；一家德，一国兴德。"家，是每个人的起点，家风，则是治国平天下的起点。也正是如此，尽管对于今天的我们而言，传统家风中一些具体的原则与规范可能和现在的社会环境、价值观不再契合，但是传统家风中的一系列核心理念，特别是家国情怀的树立、齐家治国理念的传承，对于今天的中国仍旧具有现实价值，也仍然是构成中华优秀传统文化的重要部分。

（一）曾子孝行，传之后世

孝是中华民族鲜明的性格特征，古人常常把"孝"和"道"结合在一起，称为"孝道"。"道"在字典中的解释为光明大路，延伸为"根本道理"。孝道就是指对待父母长辈的规则。儒家经典《论语》中有关孝道的论述总共出现了 26 处，直接出现"孝"字的有 14 处，未出现"孝"字但与孝有关的有 12 处。孝在中华文化中具有本原地位，不仅体现在父母与子女关系上，还表现在个人修养、为政实践和社会秩序的建构中。

孝为仁之本，是人之所以为人的起点，也是社会伦常道德的基础。孔子提出："孝，德之本也"，把孝看作实践仁道的入门功夫，认为"人之行，莫大于孝"，故而教育世人"入则孝，出则悌"，并将"孝"与家庭、社会、政治联系起来，视"孝"为治国安邦之道。曾子继承、发展了孔子的孝道思想，提出孝是"天之大义"，是仁、义、忠、信、礼等诸多美德的总和。在孔子之后的儒学发展中，曾子可以说是儒家孝道理论的集大成者。我们今天看到的《孝经》，相传就是孔子向曾子传授孝道，由曾子及其弟子记录、整理下来的。曾子以孝著称，司马迁在《史记·仲尼弟子列传》中说孔子以为曾参"能通孝道，故授之业，作《孝经》"，曾子是孔门孝道的主要传承者和发扬者。

作为宗圣曾子后裔的嘉祥曾氏家族，是与孔、颜、孟三氏家族并称的中国古代四大圣裔家族之一，在中国文化世家中占据着特殊而显著的地位。曾氏家族自武城发源，后南迁庐陵，播徙四方，至奉祀归鲁，世袭翰博，迄今后裔已繁衍八十余代，遍布全国乃至世界各地。在两千五百多年的历史长河中，曾氏家族虽历经沧桑变迁，但曾氏后裔秉承曾子遗教，孝悌传家，敦宗睦族，形成了"以孝为本"的家风，在中国古代家族发展史上留下了一道亮丽的文化风景。

1. 曾子质孝

曾子（公元前 505—前 435 年），名参（shēn），字子舆，春秋末年鲁国南武城（今山东嘉祥）人。著名思想家，孔子晚年弟子之一，儒家学派的重要代表人物，夏禹后代。其父曾点，字皙，七十二贤之一，与曾参同是孔子的弟子。

嘉祥县位于山东省西南部。这里不仅有"宗圣"曾子后人世代居住的曾府，在距县城 20 多公里的南武山南麓，还有一处专门纪念曾子的曾庙。

无论是在曾府还是在曾庙，为数众多的门楼牌坊上，大都悬挂着缅怀先祖、教育后辈的楹联，其中一副为"孝悌忠信传家远，修齐治平德业兴"。这副楹联，突出强调了曾子崇尚的忠信、修身齐家、孝悌等思想，是曾氏家风的集中体现。正是受这一家风的熏陶，曾氏子弟多崇尚自省修身，多秉承孝悌之道，在两千多年的悠久历史中书写了精彩篇章。

曾子不仅在理论上系统阐发了儒家的"孝"观念，将孔子的孝道思想作了进一步的扩充和提升，形成了独具特色的孝道学说，还努力践行孝道，是当时闻名遐迩的孝子。史籍中有很多关于曾子孝行的记载，其中非常有名的一个故事是"曾子耘瓜"。

> 曾子耘瓜，误斩其根，曾皙怒，建大杖以击其背，曾子仆地而不知人久之。有顷，乃苏，欣然而起，进于曾皙曰："向也参得罪于大人，大人用力教参，得无疾乎？"退而就房，援琴而歌，欲令曾皙而闻之，知其体康也。孔子闻之而怒，告门弟子曰："参来，勿内。"
>
> 曾参自以为无罪，使人请于孔子。
>
> 子曰："汝不闻乎？昔瞽瞍有子曰舜，舜之事瞽瞍，欲使之，未尝不在于侧，索而杀之，未尝可得。小棰则待过，大杖则逃走。故瞽瞍不犯不父之罪，而舜不失烝烝之孝。今参事父，委身以待暴怒，殪而不避，既身死而陷父于不义，其不孝孰大焉？汝非天子之民也？杀天子之民，其罪奚若？"
>
> 曾参闻之，曰："参罪大矣。"遂造孔子而谢过。（《孔子家语·六本》）

曾子锄瓜，不小心锄断了瓜根。父亲曾皙非常生气，举起一根大棍来击打他的背。曾子倒地不省人事许久。过了很久才苏醒过来，曾子高兴地从地上爬起来，走近曾皙问候道："刚才我得罪了父亲大人，您为教导我而用力打我，您的身体没有什么不舒服的地方吧?"退下去回到房里,曾子边弹琴边唱歌,想让父亲听见以知道他的身体健康无恙。孔子听说了这件事很生气,告诉门下弟子:"如果曾参来了,不要让他进来。"曾参自认为没有过错,托人向孔子请教。孔子说:"你没听说过吗?昔日瞽叟有一个儿子叫舜,舜侍奉父亲瞽叟,父亲使唤他,他总在父亲身边;父亲要杀他,却找不到他。父亲轻轻地打他,他就站在那里忍受,父亲用大棍打他,他就逃跑,因此他的父亲没有背上不义之父的罪名,而他自己也没有失去为人之子的孝心。如今曾参侍奉父亲,放弃身体来等着被父亲暴打,父亲要打死他,朝死里打也不躲避。他如果真的死了就会陷他父亲于不义,相比之下,哪个更为不孝? 你不是天子的百姓吗? 杀了天子的百姓,那罪过怎么样?"曾参听说了这些话,说:"我的罪过很大啊!"于是拜访孔子为自己的过错道歉。

真正孝顺的人并非什么都听父亲的,但是一定要为父亲着想,把握住怎样做才是真正为父亲好,不能陷父亲于不义。

王充《论衡·感虚》篇记载了"扼臂心痛"的故事,说曾子与父母感情深厚,达到了心灵相通的地步。曾子有一天到野外打柴,恰巧家中有客来访,情急之下,曾子的母亲就用手掐了一下自己的手臂,曾子打柴的时候忽然感到心痛,急速回家看望母亲,问:"发生了什么事?"曾母说:"有客人来,看你不在想离开,所以掐臂呼你回来。"曾子孝心深厚,虽与母亲相隔很远,但却能产生心灵感应。这种"通于神明"的孝,凸显了血浓于水的骨肉亲情之爱,毫无疑问,可以称得上"至孝"。

山东嘉祥县武梁祠汉代石刻画像列在孝义故事第一位的就是"曾母投杼图",图左上方有题榜:"曾子质孝,以通神明。贯感神祇,著早来方。后世凯式,以正模纲。"从汉画像石对曾子的赞誉来看,

山东武梁祠汉画像石"曾母投杼图"

曾子孝感的故事在汉代就已广为流传。到了元代,郭居敬编《二十四孝》的时候,就将曾子的这一孝行故事收录进去,题名为"啮指痛心",作为孝敬父母的典型事例。

曾子以安身处世奉养双亲为出发点,把父母的冷暖时刻挂在心上,尽量守在父母身边,就连一个晚上也不轻易离开父母。《战国策·燕策》赞扬曾子说:"孝如曾参,义不离亲一夕宿于外",意思是像曾参这样孝顺,不离开父母在外面歇宿一夜。这可以说是对孔子"父母在,不远游"的实践。在出仕方面,不求高官厚禄,只要满足养亲所需即可。他在莒国任低级官吏,俸禄仅是三秉小米,但曾子却不嫌弃,因为双亲可以享用。据传,齐国国君曾以优厚的俸禄聘他为官,他却没有接受,理由就是"吾父母老,食人之禄,则忧人之事,故吾不忍远亲而为人役"(《孔子家语·弟子解》),意思是父母年纪大了,

如果拿人家的俸禄就要替人家操心，所以不忍心远离父母而受别人差遣。

曾子的母亲去世后，他常常想念母亲。据《孝子传》记载，曾子有一次吃生鱼，觉得鱼的味道非常鲜美，就把它吐了出来。别人看到后，非常惊讶，问他为什么把鱼吐出来。曾子说："我母亲活着的时候，没有尝过这样的美味，一想到母亲没有吃过，我就心里难过，所以就把它吐了出来。"此后，曾子再也不吃生鱼。从这个故事，我们可以真切地感受到曾子对母亲的深厚情感。

《说苑》还记载了曾子"不入胜母之闾"的故事。这个故事讲的是曾子有一次到郑国去，路过一个名叫"胜母"的地方，曾子便想到，一个人对父母只能孝顺，哪有和父母争强好胜的道理？于是他便掉转车头，绕道而行。因为曾子的这些孝行，他被后人称赞为"盛饰入朝者不以利污义，砥厉名号者不以欲伤行"（《史记·鲁仲连邹阳列传》）的贤人。

曾子不仅对生母很孝顺，在他的母亲去世后，他对继母也是极尽奉养之情。《孔子家语·弟子解》记载了曾子出妻的故事。书中记载，曾参的后母对他不好，但是他对待后母就像对待生母一样孝敬，常常"视被之厚薄，枕之高低"，照顾她的饮食起居，细致入微，从来没有懈怠过。有一次，曾子外出之前嘱托妻子把藜叶蒸熟了之后给后母吃，回家后他得知藜叶没有蒸熟，非常生气，坚决要把妻子休弃。众人劝阻他："你的妻子没有犯七出之罪，不该被休弃。"曾子回答说："没有把藜叶蒸熟,确实是一件小事情。我告诉她要蒸熟,可是她却没有听,何况大的事情呢!"最后,曾子还是休了他的妻子,并终身没有再娶妻。

因为藜叶蒸不熟而休妻,大多数人都会认为这很不近人情。但在曾子看来,藜叶蒸不熟就给母亲吃,意味着对长辈缺乏最起码的"敬爱",这是不孝的表现,也是难以被容忍的。休妻的做法虽然有些过激,但这显示出曾子对于孝道的高度重视。

曾子父亲去世的时候,他攀扶灵柩车为父亲送丧,悲痛欲绝,以致拉丧车的人也要停下来为之哭泣。曾子"执亲之丧"的故事,《礼记·檀弓上》中有记载,说他为父亲守丧,"水浆不入于口者七日"。与"君子执亲丧之礼,水浆不入口者三日"(《礼记·檀弓上》)相比,曾子的行为似乎有些过头,但程颐却认为:"曾子者,过于厚者也。圣人大中之道,贤者必俯而就,不肖者必跂而及。若曾子之过,过于厚者也。若众人,必当就礼法。自大贤以上,则看他如何,不可以礼法拘也。"(《二程遗书·卷十八伊川先生语》)曾子丧父,水浆不入口者七日,足见其孝心之诚。

曾子精熟丧礼,而且执行起来非常认真虔诚,所以人们常常请他主持丧礼。他每次读有关治丧的礼书的时候,都会想起自己过世的父母,眼泪不自觉就流下来,常常浸湿衣裳。清乾隆四十九年(1784年),曾子第六十九代孙、世袭翰林院五经博士曾毓墫在曾庙内建"涌泉井",以此作为对曾子事亲至孝的纪念。

曾子行孝直到生命的最后一刻，《礼记·檀弓上》记载了曾子"临终易箦"的故事。曾子病重的时候，静静地躺在床上。弟子乐正子春坐在床下，曾元、曾申坐在他的脚边，一个小童子端着烛台坐在角落里。

童子看到曾子身下铺的席子非常漂亮，禁不住感叹道："好漂亮的席子啊！那是大夫用的吧?"乐正子春赶紧轻轻地说："不要作声!"

尽管他们的声音很轻，但还是被曾子听到了，他忽然惊醒过来，对儿子曾元说："这是大夫用的席子，是当年季孙氏送给我的，但我现在没有力气换掉它了。元啊，赶快把席子换掉!"

曾元说："您现在病情很危重，不可以移动，还是不要马上换了吧！您耐心等到天亮，我再给您换?"

曾子听了，很不高兴，他强打精神，撑起身子对儿子们说："你们爱我的心还不如那个小孩子。一个有才德的君子，他爱别人就要成全别人的美德。我现在还有什么需求呢? 我只希望像个君子那样循礼守法，死得规规矩矩。"

于是，儿子们抬起曾子，给他更换了席子，他们还没来得及把曾子放平稳，曾子就去世了。

曾子"临终易箦"展现了他敦厚笃实的作风和注重晚节的高尚品德，也是在以实际行动教育后人。

曾子强调，孝是人们内心情感的真实流露，他认为孝不仅包括下对上的道德情感因素，更存在于人类的自然天性之中，是与生俱来的。曾子说："君子之孝也，忠爱以敬"（《大戴礼记·曾子立孝》），这里的"忠爱"指的是"中心之爱"，也就是发自内心的、毫不造作、毫无虚饰的爱，而与"忠"密切相关的孝，就是由心中的忠爱之情自然流露出来的行为。就如"身体发肤，受之父母，不敢毁伤"（《孝经·开宗明义》），这是孝的起始。"立身行道，扬名于后世，以显父母"（《孝经·开宗明义》），这是孝的终端。所以，孝子养亲的时候，就要努力使父母内心欢乐，不违背他们的意愿，让他们听到喜欢听的话，做他们想看到的行为，让他们能够起居安适，在饮食方面尽心侍候。这种对父母的忠爱之情应该存在于所有人的心中，人人都可以将这种情感自然地抒发出来。只要保持自身的孝养之心，自然就会实现孝亲之志。这种"著心于此""善必自内始"的主张，肯定了人心向善的本性，显示了曾子对孝的本质的认识和体察。

曾子扩充了孝的内涵和范围。《论语·学而》说："君子务本，本立而道生。孝悌也者，其为仁之本欤！"意思是君子致力于从根本上做起，根本建立后，才能够产生仁人爱物、修身治国之道。孝顺父母、尊敬兄长，应该是施行仁爱的根本。孝承载着子女对父母的深厚情感，是对子女在日常生活中回报父母养育之恩的具体要求。曾子则不断地对孝的内涵进行扩充，使之成为囊括个人生活、社会关系和政治行为等各个方面的道德规范。

曾子说："一举足不敢忘父母，一出言不敢忘父母。一举足不敢忘父母，故道而不径，舟而不游，不敢以先父母之遗体行殆也。一出言不敢忘父母，是故恶言不出于口，忿言不及于己，然后不辱其身，不忧其亲，则可谓孝矣。"（《大戴礼记·曾子大孝》）意思是君子一抬脚不敢忘记父母，一说话不敢忘记父母。一抬脚不敢忘记父母，所以总是走宽广的大道，而不走狭窄的小径，渡江河总是坐船过去，而不是游泳过去；这是不敢拿父母所给的身体走危险的路。一说话不敢忘记父母，所以恶言不出于口，怨念的话也不招致到自己身上。然后不使自身受到侮辱，不使父母为他忧愁，就能称得上孝了。这段话是说一个人应该时刻不忘记自己的父母，一直保有对父母的孝顺之心，就会时刻注重保全自己的身体，不使自己处于危险的境地；就会时刻关注自己的言语，不至于招致侮辱。曾子又说："居处不庄，非孝也；事君不忠，非孝也；莅官不敬，非孝也；朋友不信，非孝也；战陈无勇，非孝也。"（《大戴礼记·曾子大孝》）意思是平素生活不端庄，不是孝；侍奉君主不忠诚，不是孝；处理政务不敬慎，不是孝；结交朋友不诚信，不是孝；作战不勇敢，不是孝。在曾子看来，孝无处不在，充溢于社会的各个角落，像庄、忠、敬、信、勇这些道德行为，都是孝的具体呈现和延伸。

曾子注重孝道的实践，并将其和提高道德修养相关联。曾子指出，提高修养的方法在于笃行。在父母活着的时候，用道义来辅助他们；在父母去世之后，充分地表达哀戚之情，祭祀的时候，保持一颗诚敬的心。

孝道的实践必须持之以恒，曾子说，教化民众的根本是从孝出发，表现在行为上则叫作养。奉养父母比较容易做到，但始终尊敬父母却并不容易；尊敬父母还不是特别难的，能做到让父母安适就更难了，让父母安适也不是不可以做到，但长久坚持下去非常难。做到长久也是可能的，终身都这样做是很困难的。父母去世以后，还能够小心翼翼地谨慎行事，不败坏父母的名声，这才可以说是做到了终身行孝。

2.孝悌传家

曾氏家族的家教，可称为孝悌传家。曾子注重家教，强调从身边小事做起。曾子"杀猪示信"的故事，彰显了家庭教育对于孩子心灵成长的重要性，堪称千古教子的典范。更为重要的是，曾子以其对孝道的倡导和践行，为曾氏家族的家风奠定了基调，他的子孙也从曾子的言传身教中深深体悟到孝道的重要性，并将其落实到自己的日常生活当中。曾子后代恪遵祖训，孝悌传家，代代承继。明代樊维城对曾子的家教极为推崇，他撰有一副对联，歌颂曾氏门风："弘毅特肩，系道统于万世；圣勇能任，启家教为大门。"

"孝悌"是曾氏家训的一大主题，在曾氏家族的家庭教育中占有极其重要的地位。曾子六十七代孙曾衍咏把"孝"看作曾氏家族的家教传统，对曾子提倡的孝道非常崇敬，并以孝道垂训子孙，他在《武城曾氏族谱叙》中说："《孝经》一书，家教也。……我祖大圣大贤，门第高矣。父子公孙，载诸经传。羽翼大道，维持人心，其功炳耀天壤。而其最者，孝之一事。问答成经，垂训万世。凡读书种子，无不祖之宗之，常恐有玷其门墙。况为其后者，其于先训，又当为何如也？"

就曾氏家族孝悌教育的内容来看，主要包括孝敬父母、友爱兄弟、和顺夫妇等几个方面，《曾氏族谱》中的《家训》有孝父母、敬伯叔、宜兄弟等很多明确的要求。这些伦理教化平实易行，人人都可以切实践行。曾氏家训不单单规定了为人子、为人弟的伦理义务，对长辈应履行的责任也提出了很多要求，如父母应当垂暮自重，伯叔应当端重自处，都指出了长辈以身作则、正身率下的重要性。无论是对小辈善事父母与尊长的要求，还是对长辈端庄自重的强调，其所要达到的目的都在于维系家庭的和谐和家族的绵延。

为了使子弟养成良好的德行，曾氏尤其重视教导子弟读书明理。《富顺西湖曾氏祠族谱》录有明代翰林院编修曾朝节撰写的家训，告诫子弟"以读书为上，投明师，交益友，通五经之理，详六艺之文，究诸子百家之言"，基于此，才能做到"居家可以教子弟，庭训堪型；用世可以事明君，尽忠报国"。曾氏家族源出宗圣，其教育子弟读书的重点在于学习圣贤的嘉言懿行，以提升气质，增强道德修养，假如因为多读了一些书，便高傲起来，轻慢长者，还不如不读书。因此，不能有恃才傲物的恶习，无论士农工商，所习不必一业，但必须将修德做人放在第一位。这与世俗教子弟读书以获取功名利禄的做法有很大不同。

科举时代，读书人入仕成为光宗耀祖、显亲扬名的不二法门，许多读书人埋头苦读，两耳不闻窗外事，忘却了读书明理的初衷。对于片面追求科第或者以谋生为目的的读书，曾氏家训中有着尖锐的批评："今俗，教子弟，上者教之作为取科第功名止矣，功名之上道德未教也；次者教之杂字束笺，以便商贾书计；下者教之状词活套，以为他日刁滑之地。虽教之，实害之也。"正是基于这样的认识，曾氏特别重视对子孙的教育：一般的学龄儿童，七岁便入乡塾，学字习书，年龄渐长便为其选择端正的师友，教授五经书史，务使变化气质，陶冶性情。他日如果是做官吏，能为良臣、为廉吏，如果为农、为工、为商，也不失为敦厚的君子。

可见，曾氏家教并非仅仅着眼于对功名利禄的追求，而是重在培养"讲求诚正修齐之道"的君子。在传统社会中，读书作为士人的晋身之阶，自然是士大夫家庭保持政治、社会地位的必要手段，但若从家族发展的长远角度看，能否遵从圣贤之道，崇尚礼义道德更关系到门户之盛衰、家业之兴替。

勤俭是齐家的重要环节。李商隐《咏史》诗曰："历览前贤国与家，成由勤俭破由奢。"古往今来，上自豪门显宦，下至布衣百姓，勤俭二字都是家庭持久兴旺的根本。

曾氏自曾子开始，就以耕读为业。曾氏后人在鼓励子弟读书的同时，也恪守祖上的家教传统，崇尚勤俭持家，把务农桑看作保身要道、兴家之本，反对男子游手好闲、妇人贪睡爱眠，认为一家之兴旺，唯在一"勤"字。《永丰木塘源曾氏族谱》所载《家规》就提出"习勤劳""尚节俭"，认为"勤苦，立身之本；懒惰，败家之原"，告诫子孙后辈"开财之源以勤，节财之流以俭"。石莲曾氏在家训中也讲道，除诵读外，耕织最为重要，如果男子勤于耕作，自有余粟；妇人勤于纺绩，自有余布。唯有如此，方能衣食不竭，而子弟读书也多赖于此。

湘乡曾氏在晚清声名显赫，以曾国藩为代表的曾氏家族成员在政治、军事、文化等方面取得了卓越的成就。曾国藩一再要求子弟戒奢傲、去骄佚。他在给儿子曾纪泽的家书中说道："居家之道，惟崇俭可以长久，处乱世尤以戒奢侈为要义"，所以衣服不可多制，尤其不能大镶大缘，以免过于奢华。曾国藩以"吾家累世以来，孝弟勤俭"自豪，也常为"虽力求节俭，总不免失之奢靡"自责，故对于家人能否勤俭持家，曾国藩时时挂念在心："近日家中内外大小，勤俭二字做得几分？门第太盛，非此二字，断难久支，务望慎之！"（《曾国藩家书》）他在给欧阳夫人的家书中常常提到持家要从勤俭入手，作长远打算。他说："居官不过偶然之事，居家乃是长久之计。能从勤俭耕读上作出好规模，虽一旦罢官，尚不失为兴旺气象。若贪图衙门之热闹，不立家乡之基业，则罢官之后，便觉气象萧索。凡有盛必有衰，不可不预为之计"（《曾国藩家书》）。希望夫人教训儿孙妇女，常常要做好家中没有官位的准备，应该时时有谦恭省俭之意，这样才能福泽悠长。

一般认为，"勤"就是做事尽力，不偷懒。士农工商，职业虽然不同，但都有各自的本职。那么，尽力于自己的本职是否就可以称得上"勤"了呢？

曾氏以为不然。溧阳曾氏《宗规》中说："勤"不是做到"尽力"就行了，而是要"尽道"，如果是士人那么就要先讲德行，其次学文艺，不能因读书识字就舞弄文法，颠倒是非；举监生员不得出入公门，有玷品行；仕宦不得通过贿赂来求得官位，贻辱祖宗。务农者不得窃田水，纵畜牧，欺赖田租；做工者不得做淫巧，售卖质量差的商品；经商者不得纨绔游玩，纵情酒色而大肆铺张浪费。将"勤"由"尽力"提升到"尽道"的高度，可以说是曾氏家教的一大特色。举凡士农工商，无论贵贱贫富，尽力之外，尤当谨言慎行、奉公守法。只有这样，才算是真正践行了修身做人、仁民爱物之道。

古人说"俭以养德"，对于"俭"字，溧阳曾氏有更为深切的体认："人生福分，各有限制。若饮食衣服、日用起居，一一俭朴，留有余不尽之享，以还造化，是可以养福。奢靡败度，俭约鲜过，不逊宁固，圣人有辨，是可以养德。多费则多取，多取不免奴颜婢膝、委曲狗人，自丧己志。少费则少取，随分自足，浩然自得，可以养气。"（溧阳曾氏《宗规》）曾氏宗规中传达出"俭"不仅可以养德，亦可养福、养气，用之教育子孙，有益于家族，用之挽救敝俗，有益于国家。

世人不能厉行节俭，其原因大都和"好面子"有关，如争讼打官司，赢了就觉得有面子；再如喜欢炫富，卖田为女置办嫁妆，用重金彩礼为子娶媳，以得到他人的钦羡为荣。这种奢靡无度、铺张浪费的风气对社会的良风善俗造成了很大的冲击。

有鉴于此，曾氏严禁一切有损德行、有害门风的不良行为，《石莲曾氏族谱》所载《二修家训》共十二条，有关方面的戒律就有"禁淫欲、禁发冢、禁邪说、禁赌博、禁谣谤"等五条，其《三修家训》，又补充了"戒争讼、禁戏场"两条，对违反者也制定了严厉的处罚措施。这些以家族的名义制定的家规、家训、家法，对于族人的约束力是相当强大的，也在一定程度上保证了社会礼义道德规范能够得到切实的遵守，既有利于促进家内秩序的稳定与和谐，也有利于形成良好的社会风尚。

当然，曾氏家族对于读书、勤俭的倡导，最终的落脚点还是在孝悌之道上。读书，是为了进德修业，践行孝悌仁义之道；勤俭，是为了戒奢防逸，力尽敬养孝亲之心。曾氏认为只有在"孝悌"上用功，才能维持家风于不坠。比如，曾国藩就认为"孝友为家庭之祥瑞"，只有将"耕读"与"孝友"结合在一起，世家的基业才能传之久远。他在写给弟弟的信中说："天下官宦之家，多只一代享用便尽，其子孙始而骄佚，继而流荡，终而沟壑，能庆延一二代者鲜矣；商贾之家，勤俭者能延三四代；耕读之家，谨朴者能延五六代；孝友之家，则可以绵延十代八代"，正因如此，曾国藩希望自己的家族能够成为"耕读孝友之家"，而不愿其为达官显宦之家。

得益于曾氏对"孝悌忠信"的提倡，宗圣曾氏家族涌现了许多以"孝"著称的人物，比如北宋著名散文家曾巩。曾巩早年丧母，在父亲去世后，他尽心尽力侍奉继母，抚育弟妹。《宋史·曾巩传》载："巩性孝友，父亡，奉继母益至，抚四弟、九妹于委废单弱之中，宦学婚嫁，一出其力。"曾巩少负才名，以文章显名于世，自成一家，王安石赞美他"曾子文章众无有，水之江汉星之斗"，极尽褒扬之意。曾巩虽然长期担任外官，却仕途不顺，但他并未因此而忽视自己为人子、为人兄的责任，而是对继母越发孝敬，对弟弟妹妹严格教育，他的弟弟曾肇、曾布以及妹婿王无咎、王彦深都在他的督责下，进士及第。南丰曾氏因此声名大振，被后人推崇为"以道德文章名天下"的名门望族，与汉代华阴杨氏、唐代河东柳氏并称。

又如，南宋名臣曾几、曾开兄弟，同以"孝"名世。曾几在母亲去世后，疏食十四年。他的哥哥曾开也是"孝友厚族，信于朋友"。曾氏兄弟孝悌忠信、刚毅质直的品格，在南宋偏安江南的政治舞台上，迸发出闪亮的光彩。高宗绍兴二十七年（1157 年），金军南侵。在面临强敌的情况下，曾几力阻宋高宗"浮海避敌"的想法，坚决反对纳币请和，并请缨北上，亲率将士与敌死战。曾开因主张抗金，遭秦桧构陷免职，但他仍铁骨铮铮，毫不屈挠。《宋史》对曾氏兄弟移孝作忠，忠诚谋国，以天下兴亡为己任的精神，尤为赞扬，称许他们为"风节凛凛……临大节而不可夺"的仁人志士。

再如，嘉祥曾氏世袭翰林院五经博士曾继祖，"事母孝，母卒，庐墓三年，奉旌孝子"。作为曾氏宗子，曾继祖的恪守孝道在曾氏家族中更具典范性的意义。曾继祖刚刚两岁，父亲曾昊就去世了。母亲徐氏含辛茹苦，抚育孤子。在他十三岁的时候，祖父曾质粹又去世了。曾继祖"三世一身，孑然孤立"。万历年间，又遭曾衮冒袭，曾氏一门"呼天吁地，含酸怆神"。在家境艰难的情况下，曾继祖卧薪尝胆、矢志陈情，终于将曾衮冒袭世荫一事大白于天下，其子曾承业得以重守豆笾，世袭翰博。为了避免族人"凭其宠灵，席其晏安"，曾继祖还撰写了《曾氏永思碑铭》，告诫族中子弟秉承宗圣学行，遵纪守法，振兴家邦。

当然，中国传统家庭的伦理教育主要是针对家庭内的男子来说的，在一般人的观念中，父子、兄弟有血缘亲情，和睦相处，理所当然。但成家之后，兄弟、父子之间往往因毫末而生嫌隙，争长竞短，以致阋墙起衅，分家争产。在这种大家族中，维持关系的和谐与稳定，女性成员其实扮演了非常重要的角色。因此，对女子的教化也是古代社会家庭教育的一大重心。曾氏自然也不例外。

当曾国藩从九弟来信中听闻家中妯娌之间不太和睦，十分着急，谆谆劝导说："尤望者诸弟修身型妻，力变此风。……望诸弟熟读《训俗遗规》、《教女遗规》，以责己躬，以教妻子。此事全赖澄弟为之表率，关系至大，千万千万！"其对家庭和谐的期望，溢于言表。他常说"兄弟妯娌总不可有半点不和之气。……和字能守得几分，未有不兴；不和，未有不败者"，他也常常以家中妇女奢逸为忧，故一再告诫儿子，撑持门户应当从"端内教"开始。

对家中女子的教育，曾氏是非常严格的。曾子六十九代孙、翰林院五经博士曾毓墫专门撰写《家诫》一篇，着重谈到女子为父母服丧的礼节。按照古礼，出嫁之女为父母服丧一年就可以了，但曾毓墫却认为此法于情理不合，他说孔子说过"子生三年，然后免于父母之怀"，父母去世，子女守丧三年，是天下通行的礼节，况且父母之丧无贵贱，所以他提出"吾家之女，应从夫家之便。吾家之妇，为其父母，必服三年"。

为严饬内教，曾氏倡导"闺门当肃"，教导家中妇女相夫教子、孝事父母，对那些傲僻长舌、凶悍妒忌、私溺子女的妇人严加戒斥；对当时社会上的不良风气，如"女妇有相聚二三十人，结社讲经，不分晓夜者；有跋涉数千里外，望南海、走东岳祈福者；有朔望入祠烧香者；有春秋佳节任其看灯者；有纵容妇女往来，搬弄是非者"等恶俗，曾氏更是早加预防，严厉禁止，并将其视为"齐家最紧要的事"。曾氏内教之严、敦厚之风，于此可见一斑。

无论古今，家庭教育除了父兄之外，母亲也起着至关重要的作用。母亲作为子女的启蒙老师，其文化修养、治家方法、处世智慧对于子女的成长有着潜移默化的影响。因此，婚姻历来被看作培育子孙良好德行、维系家族永久延续的根本，正如《礼记·昏义》所言"昏（婚）礼者，将合姓之好，上以事宗庙，而下以继后世也"。曾氏家族尤重嫁娶之道，"婚姻之际，务择善良"。曾氏还居嘉祥之后，所娶女子多出身于圣裔家族，都有着良好的家教，文化素质较高，能够较好地承担起教育子女的职责。良好的家庭教育，对曾氏孝悌家风的形成与传承起到了不可忽视的作用。

家国一体是中国传统社会的主要特征，在传统社会中，家庭是维护国家长治久安的重要基石。自汉代以来，历代帝王就宣扬孝道，实行以孝治天下的政策，通过诵《孝经》、举孝廉、旌表孝子等多种措施，在全社会倡导移孝作忠的观念，以巩固专制皇权统治。家庭、宗族由此成为教化人伦、推行孝治最重要的渠道。清朝初年，康熙帝为正风俗，兴教化，颁布《圣谕十六条》，就将"敦孝弟以重人伦"列于首位。

就家族内部而言，分疏近、序尊卑、崇宗法、立族规、扬美善、惩恶行，不仅对于族人有良好的劝勉和规诫作用，而且也是一个家族兴盛久远的基础。千百年来，曾氏在德行、治绩、忠孝、理学、文章、节义等方面，代有闻人，其根本原因就在于曾氏有良好的家风："仁义行而孝弟之风兴，惇睦之俗成，尊卑疏戚各安其分，而后子孙又力行仁义，以继续不穷"。

中国传统文化是以儒家学说为主体的伦理文化，这种文化最突出的体现是"父子有亲，君臣有义，夫妇有别，长幼有序，朋友有信"，简而言之，不外乎忠、孝二字，在家尽孝、为国尽忠。孝悌传家为曾氏世代相守的家教门风，其对忠孝之德的提倡尤其突出。曾子六十九代孙曾毓墫对子孙殷殷告诫："心正身修，身修家齐，此吾家《大学》之教；由立身以事亲，由事亲以事君，此吾家《孝经》之教"，每一个曾氏之人，都应当"读吾曾氏之书，守吾曾氏之教，省吾曾氏之身"，这样，才能不愧为宗圣曾子之后。曾衍咏也说："吾祖以《孝经》垂训，赫赫在人耳……足以动人之心思，鼓人之气力，怦怦向往而不能已。"力图通过对祖先的孝思，激发族人的诗书礼义之风、行孝尽忠之心。

同时，曾氏也通过制定家训、族规等方式，教化族人，将孝忠观念代代相传。光绪二十七年（1901年），曾传禄编纂修订的《石莲曾氏七修族谱》所载家训就包括了重家谱、勤祭扫、孝父母、敬伯叔、宜兄弟、明夫妇、和乡党、隆师友、勤诵读、务农桑、惜文字、戒争讼、救水旱、禁戏场、禁越葬坟墓、禁久搁不葬、禁拖欠粮饷、禁分受不均、禁发冢、禁邪说、禁赌博等内容，清代《吉阳曾氏族谱》则明确宣称以康熙《圣谕十六条》为家训，规劝族人和睦乡党、奉公守法。借助于族规、家法，以"孝悌忠信"为核心的家训传承，成为曾氏家族内部的传家珍宝，为曾氏家族的辉煌奠定了坚实的基础。

欲治其国者，先齐其家。齐家，必以孝悌仁义为先。人之为人，"亲亲为大"。人必须懂得孝悌之道，才能"整齐门内，提撕子孙"，使家庭和睦，家道长久。否则的话，即使积累很多钱财，积累很多田宅，到头来总是竹篮打水，枉费心机。曾子及曾氏家族的家教注重"修己治家"，修己则主要通过追慕圣贤，读书明理，砥砺品质，养成敦厚君子；治家则孝悌勤俭，和顺家门，敬宗睦族，弘扬优良家风。宗圣一脉，继往开来，人才辈出，家族兴旺，正是得益于孝悌之道的传承与发扬。虽然，古代社会各个家族都强调孝悌忠信等伦理道德的培养，但"孝悌"作为曾氏祖训，曾氏后裔努力将其发扬光大，其事亲立身的典范作用以及普遍而深远的教育价值，代代传承而弥新。

我国正迎来人口结构转型的关键阶段。国家统计局数据显示，2024 年 60 岁及以上人口已达 3 亿，占全国人口的 22%，老龄化问题越来越凸显。在此背景下，构建"老有所依、老有所乐"的养老生态，需要构建政府主导、社会协同、全民参与的多元治理格局：政府需强化养老保障制度顶层设计，社会力量应创新养老服务供给模式，而每个个体更需践行孝老爱亲的传统美德。尤其值得关注的是，在数字化时代重塑孝道文化体系具有特殊意义——唤醒《孝经》"居则致其敬，养则致其乐"的文化基因，既能为智能设备普及注入人文关怀，也可推动技术赋能下的代际关系回归"目中有人的温度"。习近平总书记指出："实施健康中国战略……积极应对人口老龄化，构建养老、孝老、敬老政策体系和社会环境，推进医养结合，加快老龄事业和产业发展。"① 应对老龄化，不仅要健全养老服务体系，更需要通过弘扬向上向善的孝道文化，将传统伦理智慧转化为代际关怀的具体行动。

---

① 《习近平著作选读》第二卷，人民出版社 2023 年版，第 40 页。

（二）晏子重妻，离春巧谏

朱熹在《朱子家训》中说："夫之所贵者，和也。妇之所贵者，柔也。"夫妻乃是整个家庭的基础，在夫妻、父子、君臣、兄弟、朋友这些关系中，夫妻这一种关系具有基础的地位。《周易·序卦传》便说："有天地然后有万物，有万物然后有男女。有男女然后有夫妇，有夫妇然后有父子。有父子然后有君臣，有君臣然后有上下。有上下然后礼义有所错。"天地之间，独阳不生，独阴不成，阴阳相和，方生万物，对于人类也是如此。夫妻关系，是家庭的起点。治家之道，不得不关注夫妻之道。

在一个家庭之中，夫妻的关系是十分特殊的。从纵向上来说，血亲纽带依托生物基因的强制联结，形成不可撤销的伦理义务；而横向维度上，夫妻关系的缔结是通过社会契约完成的非血缘的组合。

"桃之夭夭，灼灼其华。之子于归，宜其室家。"《诗经·周南·桃夭》中的这句诗从对桃花鲜艳绽放的描绘入手，用朴素又炙热的笔触铺陈出了当时女子出嫁的明媚光景。婚姻乃人生大事，自周公制作礼乐起，传统婚礼就具有繁复的程序和深厚的内涵，当然各朝各代都会有一定的变化，但大多离不开三书六礼等核心内容。男女的结合、名分的确立，是对上关乎祭祀、对下关乎后代的大事，因而"昏礼者，礼之本也"，男女成婚之礼，是一切礼仪的根本。

婚礼中的许多环节，都能反映出古人对妻子的器重和期望。在婚礼之前有很多环节，包括纳采、问名、纳吉、纳征、请期等，这一系列的环节，男方都要在女方的家庙中进行，在祖先的见证下表示对妻子的重视和对妻子家人的恭敬谨慎。现代婚礼在西方文化的影响下，已经日趋简化，很多古礼也慢慢被人遗忘或者失传了。这些烦琐的习俗看似是陈腐落后的旧习，但是其中也有古人的智慧。这一系列复杂的程序正符合当下大家常说的"仪式感"，通过这样的仪式，不仅让男女双方都认识到婚礼是一件非常重要的事情，婚姻需要慎重对待，同时，在这个过程中女方的家长也可以了解男子的品行和男方家庭的为人处世之道，如果男方在这一过程中就表现出对女子和女方家庭的不尊重，那女子婚后的生活更难以想象。

迎亲当天，丈夫要象征性地为妻子驾车，等车轮转过三圈之后再由车夫驾驶，表达夫妻要相敬相亲；夫妻二人分别用一瓠瓜剖成的两个瓢饮酒，称为"合卺酒"，表示夫妻一体同心，相互扶持。

在进入丈夫家的第二天清晨，新媳妇要行妇礼。她沐浴清洁后，须郑重拜见公婆，完成一系列祭拜之礼，表示自己谦卑孝顺的心意；礼成后，公婆从西阶下堂，新妇从主人使用的阼阶（东阶）下堂。《礼记》中说，这些礼仪都是期望夫妻二人能孝顺长辈、和睦家人，这样才是家业兴旺的保障。

在中国传统中，夫妻被视为人际关系中最重要的伦理关系，《史记》中说道："夫妇之际，人道之大伦也。"《中庸》里也讲道："君子之道，造端乎夫妇，及其至也，察乎天地。"意思是君子所遵奉的道，开始于夫妻关系，在它达到最高境界时，便彰显于天地之间。古人将夫妻关系置于君子修身养道的起点，从夫妻关系出发，才衍生出了父子、兄弟、姐妹、姻亲等一系列关系，最终编织成了整个社会的关系网。

在处理家庭生活中，《礼记·丧服四制》中有这样一句话"门内之治恩掩义"，这句话的道理适用于整个家庭，尤其适用于夫妻关系的处理。夫妻之间首先要和睦，《诗经》中有一首描写男女恋爱这一美妙过程的诗——《关雎》，这首诗中有一个意象统领了夫妻关系的主旨，那就是和。古人对"关关"的解释就是雌雄雎鸠相和鸣之声，家庭若要取得持久的美满，夫妻任何一方要取得较大的成就、实现自己的价值，都离不开彼此的理解、包容，离不开和谐稳定的亲密关系。

我们都知道夫妻关系非常重要，那么古人在处理夫妻关系的过程中又是怎样的呢？

首先，他们非常珍视夫妻感情。"在天愿作比翼鸟，在地愿为连理枝"，千百年来一直是中国人推崇备至的爱情箴言。"牛郎织女""梁山伯与祝英台""孟姜女哭长城""白蛇传"……一个个唯美感人的爱情故事，被一代代人传颂至今，充分证明了中国人对爱情和夫妻感情的向往与珍视。

在古代，夫妻恩爱的例子不乏其人。《汉书·张敞传》记载，汉宣帝时的京兆尹张敞喜欢亲自为妻子画眉，而且眉样姣好，引来很多女子纷纷效仿，在社会上就慢慢流行了起来，一时名闻京中。后人根据这个典故提炼出"张敞画眉"这则成语。张敞为妻子画眉，表明了作为丈夫，张敞很喜欢也很体贴自己的妻子，他们在闺中亲密无间的夫妻关系，也成为众多夫妻所向往的。张敞画眉，成为后世夫妻间恩爱的典范。

魏晋时期的《世说新语·惑溺》记载："王安丰（本名王戎，封安丰县，故称王安丰，'竹林七贤'之一）妇，常卿安丰。安丰曰：'妇人卿婿，于礼为不敬，后勿复尔。'妇曰：'亲卿爱卿，是以卿卿；我不卿卿，谁当卿卿？'遂恒听之。"意思是安丰侯王戎的妻子常常称王戎为卿。王戎说："妻子称丈夫为卿，在礼节上算不敬，以后不要再这样了。"妻子说："亲近你爱慕你，才称呼你为卿；我不称呼你为卿，谁该叫你为卿啊！"王戎就随便她了。王戎的妻子用"卿"来称呼自己的丈夫，充分表达了对丈夫的亲昵，"卿卿我我"这个词由此而来，这个词表达了一种亲密无间的情感交流，多用于描绘男女之间美好的爱情。

与农耕时代相比，工业时代的夫妻关系发生了很大变化，现代城市和工厂的出现，为妇女走出家庭实现经济独立提供了条件。在此背景下，女子离开男子也可以在社会上立足，感情在维系良好夫妻关系中的作用越来越重要。

其次，在古代的家庭生活中，妻子和母亲都发挥着非常重要的作用。虽然普遍情况下，古代女子的地位比男子低，但是在一个家庭中女性发挥的作用却并不一定比男子少。

汉代典籍《白虎通义》解释："妻者，齐也"。这句话是说妻子是家庭中非常重要的成员，她与丈夫一起构成一个完整的家庭，因此在家庭中应该受到尊重和重视。

东汉时期，名士樊英生了病，于是妻子派婢女去探问，樊英竟起身下床答拜。有人不免诧异，樊英就解释说："妻，齐也，共奉祭祀，礼无不答。"（《后汉书·方术列传》)，意思是妻子和我一体，共同供奉祭祀，没有不按照礼仪来答复妻子的道理。

"举案齐眉"的典故更是广为流传，讲的是东汉梁鸿和妻子孟光的故事。《后汉书·梁鸿传》："（梁鸿）为人赁舂，每归，妻为具食，不敢于鸿前仰视，举案齐眉。"意思是梁鸿给别人当舂米的雇工。每天回家，妻子都为他准备好饭菜，妻子不敢抬头直视梁鸿，将饭盘和眉毛举得一样高，夫妻相敬如宾。后人从这个故事中总结出成语"举案齐眉"，用来赞美夫妻相敬如宾、琴瑟相和的状态。

相互尊重是人与人之间相处的基本原则，夫妻之间也不能为所欲为，不讲原则，夫妻关系更是需要双方用心经营。

《诗经》上有云："宴尔新婚，如兄如弟"，是说夫妻之间相处，要像兄弟般友爱、恭谨，有着互敬互谅的意味。夫妻之间要重礼义，既爱且敬、敬爱有加。

再次，古人理想的夫妻之间有共同的志趣与爱好。

"幸福的家庭是相似的，而不幸的家庭各有各的不幸。"托尔斯泰的这句名言广为流传。志趣相投、相互理解，是很多夫妻间能不断增进感情、保持良好沟通的重要原因。

著名词人李清照和她的丈夫赵明诚的故事就向我们展示了夫妻之间有相同的志趣会给生活增添很多趣味。李清照祖籍山东济南，虽然她后来随父亲迁居到当时的都城汴京（今河南开封），但是她的很多词作中充满了对故乡生活的回忆。比如她非常有名的一首词《如梦令》："常记溪亭日暮，沉醉不知归路。兴尽晚回舟，误入藕花深处。争渡，争渡，惊起一滩鸥鹭。"学者刘瑜在其著作《李清照词欣赏》中认为这首词是回忆往昔之词，并不是描述当时当地的场景。可以说生长于济南的李清照在齐鲁之地独特的文化和山河湖海的熏陶下形成了自己清秀的品格和卓绝的才气。

李清照和赵明诚互敬互爱的生活更是被人们所传颂。他们夫妻二人都喜好读书、诗词唱和，共同收集金石古玩，赵明诚每每得到古旧书画碑文，就会欣喜地拉上妻子一起赏玩、品评，而每当李清照创作出好的作品，赵明诚也会津津有味地去品读鉴赏。

李清照在《金石录·后序》中回忆了与丈夫赵明诚"赌书饮茶"的生活细节："余性偶强记，每饭罢，坐归来堂，烹茶，指堆积书史，言某事在某书某卷第几叶第几行，以中否角胜负，为饮茶先后。中即举杯大笑，至茶倾覆怀中，反不得饮而起……"意思是我天性博闻强记，每次吃完饭，和明诚坐在归来堂上烹茶，指着堆积在一起的书史，说某一典故出在某书某卷第几页第几行，以猜中与否决定胜负，作为饮茶的先后。猜中了，便举杯大笑，以至把茶倒在怀中，起来时反而饮不到一口……。他们夫妻这种琴瑟和鸣、赌书饮茶的生活让李清照自己非常怀念，她在文中还说就算日子过得清贫，也甘愿过一辈子这样的日子。

夫妻之间有共同的爱好和志向，日常生活就会有很多交流沟通的渠道，这对于夫妻关系的稳定和谐具有非常重要的作用。今天很多人感情破裂的重要原因就是夫妻之间缺乏沟通，没有共同语言。

此外，处理夫妻关系很重要的一点是尊重差异，夫妻之间既要认识到彼此之间的不同，又要能互相理解、互补短长。

作为鲁国贵族后裔的"亚圣"孟子，是齐鲁文化中重要的代表人物之一，他的学说对于齐鲁文化的塑造产生了深远的影响。孟子将"夫妇"明确为"五伦"之一："圣人有忧之，使契为司徒，教以人伦：父子有亲，君臣有义，夫妇有别，长幼有序，朋友有信。"（《孟子·滕文公上》），意思是圣人又为此担忧，于是派遣契担任司徒，教导百姓做人的道理，使他们知道：父子要有亲情，君臣要有礼义，夫妇要有分别，长幼要有次序，朋友要有诚信。

夫妇之间是非常亲密的关系，但是这种亲密往往会导致很多人忽略了该有的边界，从而很难维持关系的平衡，两千多年前，孟子就关注并提出了"夫妇有别"。

"夫妇有别"的体现是多方面的，男女基于生理区别，本身就存在很多的不同，首先身体素质的不同就决定了男女所能从事的劳动有一定的区别，古代农村生活是"男耕女织"，在中上层社会则是"男主外，女主内"，男子主要负责家庭生计和抛头露面的活动，女子则主要负责处理家庭内部事务；其次，男女思维的不同也导致男性和女性的关注点有很大的差异，男子多擅长逻辑，以结果为导向，女子则更善于沟通和关注过程。这体现在家庭生活中的区别就是"分工合作"，家庭就像一个合伙企业，夫妻双方发挥各自的专长，使企业利益最大化，也就能使一个家庭乃至一个家族蒸蒸日上。

在夫妇关系中，孟子并不认为妻子应该单方面顺从丈夫，作为一家之主的丈夫能得到承认和尊重是以其履行作为丈夫的责任为前提的。虽然"大男子主义"在当下被广泛诟病，但是传统的"大男子主义"却也有积极的一面，那就是男子是家里的顶梁柱，是家人的保护伞，遇到事情了，他们总是习惯性地冲在前面，为家人遮风挡雨，更强调的是男子的责任和担当。发展到今天，很多男性往往只想享受自己作为男性的"特权"，贬低女性，主观独断，却并不愿承担养家的责任和男性的担当，这其实并不是传统意义上的"大男子主义"。孟子说："身不行道，不行于妻子；使人不以道，不能行于妻子。"（《孟子·尽心下》）在孟子看来，推行道的关键在于身体力行，否则，在和妻子、孩子的相处中也不可能推行道；在和别人的相处中不能按照道的标准来要求自己，也不能在和妻子、孩子的相处中达到道的标准。

《韩诗外传》中记载了"孟子出妻"的故事，有一次孟子进门时看到妻子伸开双腿坐着，很没有规矩的样子，孟子就告诉母亲他想要休掉妻子，孟母斥责他进门时没有出声提醒他人，自己违反礼制在先，不应当休掉妻子。于是孟子自责反省而没有休妻。尽管"孟子出妻"的故事主要在于突出孟母明辨是非，能够合理地规劝儿子，但故事本身也反映出"夫义妇听"之意。只有丈夫的行为合乎道义，妻子才应该听取，如果对于丈夫的所有言行，妻子都听之任之，不能正确地判断是非对错，那便是"愚"。

当代社会的基本家庭形态已演变为以夫妻关系为主的核心家庭结构，夫妻关系的和谐程度直接关系到家庭的和睦与否。事实证明，很多夫妻吵架、闹矛盾，甚至离婚，往往是因为夫妻双方没有搞清楚自己的角色定位，没有在家庭中找到自己合适的位置。当代家庭中，既有"大男子主义"丈夫，也有"妈宝男"老公，既有"母夜叉"老婆，也有软弱而被支配的妻子，究其原因，往往在于夫妻双方对各自在家庭生活中的角色缺乏正确的认知，一方要么"一手遮天"，要么"沉默是金"，在家庭生活中既无分工，也无协作，结果导致夫妻不睦甚至反目成仇。

夫妻关系是由男女缔结婚姻而成，男女在婚姻家庭中承担着各自不同的角色，如"丈夫""妻子""父亲""母亲""儿媳""女婿"等角色都是婚姻关系的产物。夫妻关系是家庭关系的核心，但是很多人往往由于自身角色的增多，而忽略了另一半，把本来最重要的夫妻关系放在了最末位。要拥有幸福美满的家庭，夫妻就要明确各自在家庭生活中的角色和定位，优先处理好夫妻之间的关系。"最初的分工是男女之间为了生育子女而发生的分工"①，虽然现在时代不同了，但家庭中的分工依然带着性别特点。由于夫妻双方承担的家庭角色有区别，于是在履行义务和行使权利时就有不同，就有分工，但这种分工不是简单地将二者割裂开，而是为了更好地合作。

如今，社会发生了翻天覆地的变化，过去的"男主外，女主内"的准则显然已经不能适应今天的社会，而且社会还以非常快的速度在变化中，我们更应该以一种动态发展、多元包容的眼光来看待夫妻关系、婚姻生活。

在齐鲁大地上，自古有很多夫妻和谐相处并为后人所欣羡的故事，接下来我们就看看齐国著名政治家晏婴珍视其结发妻子和钟离春劝谏齐宣王的故事。

1. 晏子珍视结发妻

晏子（？—前500年），名婴，字仲，谥平，夷维（今山东莱州）人，春秋时期著名政治家、思想家、外交家。晏子深得齐国国君器重，辅政三朝，长达五十余年。他不仅能言善辩、巧于进谏，而且心胸坦荡、重情重义，对自己的结发妻子倾心相待，不离不弃。

据《晏子春秋》记载，一天，齐景公去晏子家赴宴，君

---

① 《马克思恩格斯选集》第4卷，人民出版社2012年版，第76页。

臣分列而坐，一边喝酒，一边聊天，气氛十分融洽。酒过三巡，齐景公突然对晏子说："你我君臣二人，相交已有多年，却从未见过你的夫人，何不邀她同席，也让我见识一下夫人的风采。"

晏子恭敬地回答说："她没见过什么大世面，也没有读过什么书，我怕她见着大王，会吓得说不出话来，到时扫了您的兴，臣下可担当不起，还是不让她出来的好。"

齐景公不以为然地笑着说："先生多虑了，这有什么呀，只管叫来无妨。"

话说到这个份儿上，晏子也不好再推托，只得叫下人去请夫人。

不一会儿，晏子的妻子从内堂中走出来。她先向齐景公行礼，礼毕，齐景公仔细地对她打量了一番，只见她衣着朴素，头发花白，颧骨高突，满脸皱纹，跟普通农妇没有什么两样。

散席后，齐景公将晏子拉到一边，小声地说："夫人的容貌实在不敢恭维，怎么能配得上先生这样的大才呢？我看不如这样，我有一个女儿，年方十七，聪明伶俐，容貌也算得上是倾国倾城。如若先生同意，我便立刻将她赐给你作妻子。"

齐景公本以为晏子听到这话，会满心欢喜，感激涕零，谁知晏子却严肃地回答道："多谢大王的美意！臣下身高不满六尺，其貌不扬，当年很多人都看不起我，唯有我的妻子不嫌我丑，不在乎他人的讥讽，委身于我。这些年，她风里来雨里去，无怨无悔地操持着这个家，让我没有丝毫的后顾之忧，我才有充沛的精力和宽裕的时间处理公务，也才有了今日的成就和地位。这份深情，我时刻铭记在心，又怎能辜负她呢？况且，她也曾年轻过、漂亮过，如今虽然年纪大了，但仍是我至亲至爱的人，我又如何能背弃她呢？请恕我不能接受您的恩赐！"

听了晏子的回答，齐景公惭愧不已，更加敬重晏子，从此再也不提这件事了。

晏子夫人与晏子同甘苦、共患难，通过无私的付出与奉献解除了晏子的后顾之忧，使晏子能够全情投入国家治理中，最终成为令人景仰的一代贤相。虽然她的容颜因为操劳而过早地衰老，但在晏子心中，她依然是自己的知己，是最值得信赖的家人。齐鲁大地自古重齐家之道，晏子夫妇"举案齐眉"的相处智慧，恰巧印证了《礼记》"夫妇和而家道成"的古训。在夫妻关系的处理方面，往往最能看出一个人的道德品行。夫妻之间，首先应当相互尊重、相互体谅。党员干部公务繁忙，一般对家庭照顾得比较少，因此更应该懂得感恩，体谅伴侣的辛劳，为对方的付出给予充分的尊重和肯定，珍视这份相濡以沫的陪伴之情。

2.钟离春巧谏齐王

钟离春（生卒年不详），战国时齐国无盐邑（今山东东平）人，齐宣王王后，中国历史上有名的"四大丑女"之一，也是第一位载入史册的女政治家。她有勇有谋，只身面见齐宣王，巧用隐语进谏，令齐国大治，被后世称赞。

据《列女传·齐钟离春传》记载，齐宣王派兵攻破燕国，赢得了很高的威望，各国纷纷前来参拜。齐宣王看到这番场面，不由志得意满，渐渐自大起来，又回到了从前沉湎酒色、亲近佞臣的老样子。

钟离春长相奇丑，四十多岁了还没有嫁人。她听说齐宣王又恢复了从前的样子，就一个人来到王宫门口，要求面见齐宣王，请齐宣王留她在后宫做侍妾。宫门的卫士看到钟离春头发稀疏，身材胖壮，眼窝深陷，鼻孔朝天，骨节粗大，皮肤黝黑，不禁大笑着说："你去照照镜子，就这副尊容，如何服侍大王？"钟离春认真地说："请您帮我通报一声吧！我觉得女人也不一定只能靠美色来服侍大王的。"卫士听她说话不俗，就去帮她通报了。齐宣王出于好奇，就召见了钟离春。齐宣王问道："你说要进宫服侍我，可我后宫的女子已经很多了，你有什么特殊的才能，自认为足以服侍我呢？"

钟离春坦然地说："我没有什么特殊的才能，但是懂得一点隐语，可以预知吉凶。"齐宣王说："你打个隐语给我们看！"钟离春一昂头，眼睛一瞪，做出眺望远方的样子，嘴里喊着："危险啊！危险啊！"又张开嘴唇，牙齿一咬一开，然后说："危险啊！危险啊！"接着挥舞胳膊，像在驱赶苍蝇，嘟囔着："危险啊！危险啊！"最后拍打着自己的膝盖，还是说："危险啊！危险啊！"隐语打完了，钟离春就立在一边。齐宣王摸不着头脑，就让大臣们猜，大臣们也都说猜不到。齐宣王没有办法，就问钟离春："那你说说看，这个隐语是什么意思呢？"钟离春不慌不忙地回答道："我觉得齐国目前有四种危险，个个致命。第一，外患不绝。齐国西望强秦，南接蛮楚，虽说眼下太平，可是边境忧患一直存在，您说危不危险呢？第二，言路闭塞。大王听不进批评意见，忠臣义士的良言进不到大王耳朵里，奸臣小人自然得势，长此下去，国家是不是很危险呢？第三，内政不稳。大王亲近奸臣，远离贤人，沉溺女色，不培养王储。如今大王已经四十多岁了，有朝一日撒手而去，齐国必然因为储位之争陷入内乱，是不是很危险呢？第四，花费太多。大王大肆修筑宫殿楼台，为一己之私耗空国库，增加人民的负担，引起人民的不满，是不是很危险呢？"钟离春接着说，"我的隐语很简单。瞪眼，是要让大王看清远方敌国的祸患；张嘴，是要帮大王打开忠臣的言路；挥臂，是要给大王赶走佞臣和小人；拍腿，是要为大王拆去高台，废除女乐，把钱花到关系国计民生的大事上来！"齐宣王听得入了神，半天才反应过来，拍掌叫道："好！好！要不是你的这一番话，我还沉迷在梦中呢！从今以后，就请你来主持我的后宫，辅助我治理齐国吧！"齐宣王将钟离春立为王后，封为无盐君。在她的劝谏下，齐宣王拆高台、废女乐，广开言路，任用田婴为相国，聘请孟轲为客卿。齐国因此成为强国。

钟离春虽然相貌丑陋，却深得齐地"辩智"真传，能够利用齐宣王喜好隐语的特点巧妙进谏，及时指出齐宣王执政中存在的缺点和隐患，做到未雨绸缪、防微杜渐，是位难得的贤内助。沂蒙山区有句谚语："看家看灶台，看官看内宅。"齐鲁大地自古推崇"贤内助"文化，从管仲三归台到晏婴鹿裘褐衣，贤臣背后必有持家以俭的贤妻。党员干部在日常生活中难免会出现懈怠、享乐的思想倾向，如果任由这些倾向滋生蔓延，就容易产生贪污腐化的观念，甚至触犯法律的底线，使自己辛苦努力得来的声誉毁于一旦。家庭是反腐倡廉"八小时之外"的后方阵地，而伴侣是这后方阵地里的关键性力量。夫妻之间关系亲密，往往能第一时间发现苗头。党员干部更应该做好家属的廉政教育，双方相互提醒，防患于未然，共同营造风清气正的清廉家风。

不论时代怎样变迁，社会怎样发展，中国人对夫妻关系的珍视和经营从来没有变过。"情为首，礼相待，互扶持，讲孝悌"，每一个新时代的中国人都应该用心打造新时期的夫妻关系，构建和谐美满的家庭，这样才能开创更加辉煌的事业，更加美好的生活。

三、从业：忠君爱国，廉洁秉公

自古以来，大凡道德楷模、经略世事的能人，都离不开良好的家庭教育和家庭氛围的培养和熏陶，而家庭成员的成败、荣辱也直接影响着一个家族的兴衰。在以宗族为社会稳定结构基石的古代社会，历朝历代的历史中无不透露出中国人对教育子孙后代的重视。从个体的责任而言，古代社会非常强调忠君的思想，在当下社会中体现为对国家的热爱，无论是哪种诉求，"忠君爱国"的最高表现都是"鞠躬尽瘁"的精神。

"鞠躬尽瘁，死而后已"这句话是三国时期蜀国丞相诸葛亮的名言，出自他的千古名篇《后出师表》。前文已经重点向大家介绍了"勤勉笃行"的诸葛家风。在"忠君爱国"方面，诸葛家族的家风也是值得后代不断学习和仿效的。

　　诸葛亮一生尽心竭力，小心谨慎，把自己的生命和全部力量都贡献给了蜀国的事业。诸葛亮的故事通过《三国演义》的流传，在中国家喻户晓，他本人也成了智慧与忠诚的象征，陈寿在《三国志·蜀书·诸葛亮传》中评价说："诸葛亮之为相国也，抚百姓，示仪轨，约官职，从权制，开诚心，布公道。尽忠益时者，虽仇必赏；犯法怠慢者，虽亲必罚；服罪输情者，虽重必释；游辞巧饰者，虽轻必戮。善无微而不赏，恶无纤而不贬，庶事精炼，物理其本，循名责实，虚伪不齿。终于邦域之内，咸畏而爱之，刑政虽峻，而无怨者。以其用心平而劝戒明也。可谓识治之良才，管萧之亚匹矣。然连年动众未能成功，盖应变将略，非其所长欤！"陈寿之语是对诸葛亮一生准确、简明、全面的概括，凸显了诸葛亮在国家治理中安抚百姓、明示法度、精简官职、因事制宜、以诚待人、秉公办事、竭尽忠心并受到百姓爱戴的光辉形象。

　　诸葛亮一门三兄弟（兄诸葛瑾、弟诸葛均）均有很大的成就，他的兄长诸葛瑾投奔吴国孙权处，成为吴国重臣；诸葛亮、诸葛均投奔蜀国，也建立非凡的功绩。诸葛兄弟的成才之路也得益于自己的宗族，尤其在父亲早年去世之后，叔父诸葛玄承担起培养他们的重任。这种承前启后的家庭传统，在诸葛亮自身也有着十分明显的表现，比如他的另一篇文辞精粹的著名短篇《诫子书》中写道："夫君子之行，静以修身，俭以养德。非淡泊无以明志，非宁静无以致远。夫学须静也，才须学也，非学无以广才，非志无以成学。淫慢则不能励精，险躁则不能治性。年与时驰，意与日去，遂成枯落，多不接世，悲守穷庐，将复何及！"这篇短文，从修身、处世、治学、成才等人生重要课题出发，提出了宁静、俭朴、养德、冶性等重要原则。可见，诸葛亮本人在蜀国成就了一番事业，其背后有着深厚的渊源，《诫子书》里说，君子以宁静来提高自身的修养，以节俭来培养自己的品德；不学习就无法增长才干，没有志向就无法使学习有所成就，放纵懒散就无法振奋精神，急躁冒险就不能陶冶性情……实际上就是诸葛亮本人的真实写照，也是诸葛家族家风的重要内容。

"鞠躬尽瘁，死而后已"这句话是对一个人的责任感、事业心的高度褒奖，在古代是忠于自己的职责、忠于自己的国家、忠于自己的宗族的最好体现。"忠君爱国"是中国古代传统伦理中最高的道德标准，尤其是以治国平天下为原则的儒家、士大夫知识分子，更视其为无可置疑的人生信仰，并被古代家风所珍视与传承。所以元代郑太和在《郑氏规范》中写道："子孙倘有出仕者，当夙夜切切以报国为务，抚恤下民，实如慈母之保赤子。有申理者，哀矜恳恻，务得其情，毋行苛虐，又不可一毫妄取于民。若在任衣食不能给者，公堂资而勉之。其或廪禄有余，亦当纳之公堂，不可私与妻孥，竟为华丽之饰，以起不平之心，违者天实临之。"又如清代朱柏庐《治家格言》说："读书志在圣贤，为官心存君国，岂计身家?"在古代家风熏染下，爱国人物、故事数不胜数，已经成为中华文化的重要组成部分，其代表者如写下千古名句"先天下之忧而忧，后天下之乐而乐"的范仲淹，"位卑未敢忘忧国""苟利国家生死以，岂因祸福避趋之"的林则徐；而"岳母刺字"与"精忠报国"的精神已经沉淀到民族精神之中，例如在抗日战争时期，这些精神成为激励中华儿女抵抗日本侵略者的不竭动力，杭州栖霞岭南麓的岳飞墓乃至神州处处埋藏的忠骨，无不成为人们敬仰、凭吊的流连之地。

在古代，忠君爱国是传统政治最高、最基本的信条和政治原则。一般来说，二者是统一的，因为君主是德行与国家的代表，是一个国家最核心、最重要的人，承担了治理天下的责任和使命，因此忠君即爱国。《诗经·北山》说："溥天之下，莫非王土；率土之滨，莫非王臣。"这是说普天之下皆是王土，四海之内皆是王臣，皇帝是天下之共主。因此，相对于尧舜禹代表的禅让制度，自大禹以后到清代的古代政治模式被有些学者称为"家天下"。古代的爱国者往往对君王的忠诚是一体无二的，不过也留下一些"愚忠"的形象，告诉我们爱国也需要讲究理性精神，非同于民粹主义和排外主义，这一点也是中国传统家风传承的爱国精神的精髓，即"天下观念"，它追求的是所有人、所有民族的和平、和睦以至于达到天下大同、寰宇尽欢的理想世界，与习近平总书记提出的"人类命运共同体"

理念内涵相契合。

奉公守法与恪尽职守是齐鲁文化的重要内容。前者是就社会的良好运转对每一个社会人的基本要求，后者主要是从职业的角度对每个人提出的具体要求。二者是经过长期历史发展、社会实践检验的具有普遍社会道德内涵和行为原则的共识，而这也是中国传统家风所强调的内容。

不管是古代中国，还是现代社会，在国家治理中都十分强调勤政爱民的优良传统。自中国文化发源起，勤于政事、谦敬恤民就已成为衡量一个官员的标准，自然也成了古代家风家教的重要内容之一。

尧、舜、禹时期，大禹治水三过家门而不入成为中国政治文明发端时期的代表性执政形象；周文王、周武王、周公为处理周朝事务、安定天下，也常常宵衣旰食、通宵达旦，并从殷商灭亡的教训中认识到"敬天保民"的重要性。而后在先秦时期兴起了民本思潮，提出了"民惟邦本""民贵君轻""立君为民"等概念，如《尚书·梓材》云："欲至于万年，惟王子子孙孙永保民。"中国政治实践的重要结论，就是认识到重民、贵民、安民、恤民、爱民的政治根本所在，如唐太宗说："可爱非君，可畏非民。天子者，有道则人推而为主，无道则人弃而不用，诚可畏也。"

《晏子春秋·内篇谏上》记载，有一年冬天极为寒冷，大雪一直下了三天，齐景公披着白裘坐在堂上，适逢晏子进谏。齐景公说，真奇怪，下雪三天，也不觉得寒冷。晏子听闻反问说天气真的不冷吗？齐景公意识到问题所在，而晏子趁机说，听说古代贤明的君王，自己吃饱了饭，便知道百姓疾苦，穿暖了衣服，便知道仍有百姓挨冻。他们自己安逸，却还知道百姓之苦，可惜主公还未明此理。齐景公当即表示说："善，寡人闻命矣。"勤政、爱民本来是一致的，如果因为"勤政"导致老百姓劳役繁重，不堪重负，或者有违农时，则起到了相反的效果。鉴于此，《老子》一书多强调"无为"，即"不妄为"，以使百姓安居乐业。史书中记载了"臧孙行猛政"的故事，正说明一个官员，即便是奉公守法、廉洁自律，但如果法律损害了民众的切身利益，没有真正起到为民谋利的作用，也是要警惕的。总之，自古至今，在中国的政治文明史中，不乏勤政爱民的皇帝、士大夫，他们的精神都已经凝结为中华民族的文明内核，成为古代家风、家训的一项内容，召唤一代又一代敢于担当、忧国忧民的仁人志士，成就不朽伟业。

（一）周公诫子，谦和好礼

在中国历史上，周文王、周武王结束了商代的残暴统治建立了周朝，后世儒家常将文武之治作为中国政治文明的历史典型，历史记载中充满着对从文王到武王、周公等人家庭传承的宝贵精神的歌颂。司马迁《史记·周本纪》记载，周文王之父季历在位时励精图治，使得周国在诸侯、部落中的地位不断提升，周文王继承王位后，遵从祖先后稷、公刘建立的事业，效仿先祖古公和父亲季历的治国方法，形成了"笃仁，敬老，慈少""礼下贤者"的社会风气，同时把国家治理得更加强盛、更加富足、更受周边民族的拥护。

但是周武王在灭商之后不久就去世了，留下了年幼的周成王和动荡不安的天下。在这种情况之下，武王的弟弟周公主动承担起了摄政的责任，代替年幼的成王行使天子职权。

周公摄政之初，面对着极为凶险的局面。武王灭商之后，商人的残余势力在商纣王的儿子武庚禄父的带领之下发动了叛乱。一些周人为了一己之私，也参与到商人的叛乱之中。其中就包括周公的哥哥管叔和弟弟蔡叔。周公迅速扭转了危乱之局，而且大义灭亲，杀了管叔，流放了蔡叔。接着，周公镇压了殷人的反叛，杀了武庚禄父，把殷商遗民迁移到商丘一带，封微子为宋公，统领殷商遗民。之后，周公开始了他的东征。在商人的叛乱中，获得了东方各族的支持。周公对奄等商人的支持者进行了讨伐。周公的这次东征具有非常重要的意义，著名历史学家张荫麟先生就认为："周公东征之后，周人的势力才达到了他们的'远东'。就周人向外发展的步骤而言，周公东征比武王克商还重要。"

为了巩固胜利果实，周公开始了分封。周公将周人子弟以及周初的功臣分封到各地做诸侯，成为周王室的重要屏障。西周王朝的势力范围，比此前的夏商两朝有了极大地扩大。周王室对各地的控制，也远非夏商两代所可比拟的。

周公为周王朝做出了重要的贡献，所以，在周初的分封中，周公的子孙也有不少被封为诸侯。其中最重要的就是周公的长子伯禽。周成王提议要给周公建立封国，而周公的封国就在今天山东西南部的曲阜地区。由周公子孙创建的鲁国是春秋战国时期保存周礼最完备的诸侯国，《左传·桓公十八年》记载，晋国韩宣子到鲁国出访，从太史那里看到鲁国所藏的《易》《象》《春秋》等典籍文献之后，不禁发出了"周礼尽在鲁矣"的感叹。

周初分封周公的儿子伯禽到鲁国，一个很重要的原因是这里是当初支持殷商反叛的奄国（奄国，是商末周初坐落在今山东曲阜以东的一个小国，是商王朝非常重要的组成部分，其国都建立在今山东曲阜附近）所在，把周公这样非常重要的周王室成员分封到这里，正是为了加强对这一带的控制。但是，周王室离不开周公，成王还需要周公的辅佐，于是，周公的长子伯禽就代表周公前往曲阜建立鲁国。

周公对伯禽要求极为严格。当时，周公不仅要承担起治理天下的责任，而且也要承担起教导成王的责任。伯禽作为成王的堂兄，也和成王一起学习。在学习过程中，周公要求伯禽要为弟弟作出表率。而且，如果成王犯了错误怎么办呢？作为一般的孩子，肯定少不了被父亲打，而成王是天子，怎么能打天子呢？于是，每次成王犯了错误，周公就打伯禽。一边打伯禽，一边对成王说：看见没？今后再犯错误，还打你哥！伯禽就扮演了一个替成王挨打的角色。

如今伯禽要离开周公，前往曲阜，去治理一方百姓，管理一个诸侯国了。周公看着儿子的成长，一方面感到欣慰，一方面也对儿子有些担忧。就在伯禽离开周公前夕，周公和伯禽有一番对话，一再叮嘱儿子切不可傲慢，切不可忽视人才。这就是有名的"周公诫子"的故事，原文如下：

> 成王封伯禽于鲁。周公诫之曰："往矣，子勿以鲁国骄士。吾，文王之子，武王之弟，成王之叔父也，又相天子，吾于天下亦不轻矣。然一沐三捉发，一饭三吐哺，犹恐失天下之士。吾闻，德行宽裕，守之以恭者，荣；土地广大，守之以俭者，安；禄位尊盛，守之以卑者，贵；人众兵强，守之以畏者，胜；聪明睿智，守之以愚者，哲；博闻强记，守之以浅者，智。夫此六者，皆谦德也。夫贵为天子，富有四海，由此德也。不谦而失天下，亡其身者，桀、纣是也。可不慎欤！"（《韩诗外传·卷三》）

周公对伯禽说"去了以后，你不要因为受封于鲁国就怠慢士人。我是文王的儿子，武王的弟弟，成王的叔叔，又身兼辅佐帝王的重任，我在天下的地位也不算轻的了。可是洗一次头，要多次停下来，握着自己松散的头发；吃一顿饭，要多次停下来，接待宾客，即使这样还是担心因怠慢而失去人才。"周公的身份地位非常高贵，但是周公依然谦恭下士，连完整地吃顿饭、洗个头都是很困难的事情。即便如此，周公依然担心自己会怠慢了贤人。

周公接着说道："我听说，品行高尚仍常怀恭敬之心的人，必享荣耀；封地辽阔，物产丰富，仍能保持勤俭的人，他的生活必定安定；官职位高势盛，仍然保持谦卑的人，是真正高贵的人；人口众多、军队强大，仍能常怀敬畏之心，防备外患的人，必是胜利的人；自身聪慧、明智但仍觉得自己愚笨的人，是富有哲思的人；见闻广博，记忆力强，但仍觉得自己见识浅陋的人，是一个有智慧的人。这六点都是谦虚谨慎的美德。尊贵如天子，富裕得拥有天下，正是因为奉行尊崇这些品德。不谦虚谨慎从而失去天下，（进而导致）自己身亡的人，桀、纣就是这样。能不慎重吗？"周公认为作为一个君主，一定要具备恭、俭、卑、畏、愚、浅的品德，虽然这些品德表现出来好像都是十分低下的姿态，不像是一个国君的样子，但是，这些品德所彰显的谦虚，是治国不可或缺的品质。桀、纣等人，就是因为不懂得谦虚而灭国亡身。

《尚书·周书·费誓》书影

带着周公的谆谆教导，伯禽离开了父亲，来到曲阜。他就是鲁国事实上的国君，一直到三年后才回到父亲身边去汇报工作。周公说："你怎么才回来述职呢？"伯禽说，我需要移风易俗啊！后来在伯禽的治理下，鲁国的国力上升，成为西周初年一个重要的封国。而且，在周公的对外作战中，伯禽也多次率兵参战。如今保留在《尚书》中的《费誓》，就是伯禽在对徐戎作战之前的誓师词。

后世，鲁国的国君大多能秉承当年周公的教导，勤于国政。以至于春秋时期，还有人称赞："周礼尽在鲁矣。"

（二）琅琊王氏，清廉为官

1.琅琊王氏，中古望族

提起中国书法，人们自然而然地就会想到王羲之与王献之父子，他们二人因为在书法上的卓越成就被后人尊称为"二王"，其中王羲之又被誉为"书圣"。王羲之，字逸少，号澹斋，小字阿菟，祖籍琅琊临沂（今山东临沂南）。生于西晋惠帝太安二年（303年），卒于东晋穆帝升平五年（361年），享年59岁，世称"王右军"。王羲之是琅琊王氏家族第五代（本世系王祥父王融始）中文艺气息最为出众的子弟，他的曾祖父是王祥的弟弟王览，他的父亲是王旷。作为中国书法史上成就最高、影响最大的书法家之一，王羲之的书法作品融通古今，达到形意结合的最高境界，代表作《兰亭序》被誉为"天下第一行书"。

梁朝著名文学家庾肩吾在《书品》中将张芝、钟繇、王羲之三人的书法列为上品之上，作为古今书法极致之楷模；唐太宗李世民也极为推崇王羲之的书法。

王羲之所在的琅琊王氏家族在王祥、王衍、王导等几代人的努力下，取得了几乎可以与皇权并立的地位，民间所谓"王与马，共天下"说的就是这个时期的事情。琅琊王氏家族形成、发展的时期主要是魏晋南北朝。魏晋南北朝数百年间，琅琊王氏家族中有600余人名垂青史，其中有90人担任过相当于后世宰相的官职。王羲之的伯父王导与东晋开国君主司马睿不仅有着金兰之契，还是司马睿建立东晋王朝最重要的支持者。晋元帝司马睿登基之时，曾力邀王导与自己共享皇帝的宝座，这在中国古代历史上是前无古人后无来者的事情。除了政治上的辉煌，王氏家族在文化艺术上也是累世风流，在书法、音乐、绘画及文学上都取得了卓越的成就，被誉为一时之冠冕。这样辉煌的家族成就，不仅使得本族子弟引以为傲，还深受当时学者文人们的推崇。南朝著名史学家、文学家沈约，自幼饱读诗书，博通群籍，为"竟陵八友"之首，著有《晋书》《宋书》《齐志》等，被推崇为当时的文坛盟主，他历仕宋、齐、梁三朝，拥有一般人所没有的政治影响力。沈约这样一位横跨三朝又有极高文学素养的文人，纵览天地开辟以来的文学发展后，认为在中国历史上从未有一个家族能像琅琊王氏家族那样既爵位蝉联，又文才相继；中国现代著名历史学家、国学家钱穆也将琅琊王氏家族置于魏晋南北朝文学家族之首。

中国传统社会与文化深受家族制度的影响，家族文化是中国传统文化中最为重要的部分之一。先人强烈的家族观念，与悠久的农业文明有着密不可分的关系。封建社会时期，人们主要通过拥有更多土地来占有更多的财富，因此对土地的世代继承成为家族形成并得以维系的经济基础。中古士族不仅享有特殊的政治、经济特权，甚至在某一时期，还能够与皇权共享国家权力。政治上的显赫，虽然会为家族发展带来特权与威望，但在频繁的政权更迭之中，往往又可能使家族遭受覆灭之祸，所以，文化基础不深厚，豪横一时的家族，一旦政治上失势，其门第也会急剧衰落；相反，文化根基深厚的家族，尽管暂时遭到挫折，也能较长期地保持兴盛。王羲之家族之所以能在魏

▎山东临沂望淮门外晋右军王羲之故里碑刻

晋南北朝风云际会的历史进程中保持家族门第的绵延不衰，与其深刻的文化根基、严格的家教门风有着重要的联系。

祖辈生活在山东临沂的王羲之家族不仅对中国历史、政治影响深远，并且对当时的文化与文学事业也产生了深远的影响。王羲之四世孙王僧虔曾经编撰过一部专门记录古往今来书法家的书籍，其中王羲之所在的琅琊王氏家族占了其中的一大半。这充分说明了在先秦魏晋书法历史上以一族之力占据半壁江山的琅琊王氏家族，成为第一望族绝非徒有虚名，而是凭借其家族世代相传的孝悌妇德、家教门风，家中子孙恪守本家族优秀家风，才能保持人才济济、家世兴旺。

从汉末王祥至刘宋王僧虔以及由南入北的王褒，都有告诫子孙处世立身的家训。王祥临终时《训子孙遗令》就要求族中子弟以信、德、孝、悌、让五者为立身之本。宋王僧虔有《诫子书》告诫子孙不要凭借祖荫入仕，而应读百卷书，勤学努力，建立功业。梁陈之际王褒著有《幼训》，要求家族子弟谨守儒家礼教，兄弟之间手足相连，家风淳厚和睦。因此，王羲之家族之所以能在混乱的社会环境中通达显赫、人才辈出，正在于其家族子孙对孝悌、德行、勤俭、好学等家风的良好传承与恪守。

2.清廉家风代代传

魏晋南北朝时，王氏家族成员或由荫庇或由祖业，大都位居高职，却不以官谋财，清俭自律，廉俭一直作为琅琊王氏家族的家风保持下来。在整个王氏家族的发展繁荣过程中，大部分子孙都能做到不贪财、不爱钱，临财以让。中古第一望族的王氏家族世代累计拥有丰厚的家族财富，那么，在巨大的家族财富中，王氏家族的子弟们又是如何做到居家简朴、清廉为官的呢？

翻开王氏家族的历史，自西汉王吉开始，世代都以清廉著称。王吉的儿子王骏、孙子王崇虽然才学名声稍逊于父辈，但因为高尚的德行，官职越来越高。王骏为御史大夫，王崇为大司空，封扶平侯。在王吉、王骏、王崇祖孙三代人做官期间，每次迁徙居所，车上只有简单的衣物，从未携带其他贵重物品，家里也没有储存多余的财物，离职居家后，布衣蔬食，所以他们是大家公认的廉洁为民、不收受贿赂的好官。但奇怪的是，平时廉洁为民的他们在生活上虽没有金银锦绣这样华贵的饰物，但在衣食住行上却非常讲究，显得十分出众，而以他们微薄的俸禄根本不足以维持这样的生活。当时的人发现王家这样奇怪的事情，困惑却又找不到合理的解释，进而便认定这家人肯定有制造财富的神秘方法，故而在民间流传有"王阳能做黄金"的故事（王吉，字子阳，史书称其为王阳），把王吉想象成一个能把石头变成黄金的仙人。其实，从现代科学的角度来看，王阳是肯定不能点石成金的，最多只能是既清正廉洁又善于持家罢了。

这种清廉的生活习惯一直持续到东汉末年的王祥，他根据自己为官二十多年的经验，总结出了"临财莫过让"的王氏家规。"临财莫过让"是王祥临终时留给家人的遗训之一。王祥事亲笃孝，在乱世之中平定海沂，有广泛的社会影响力；位列三公，官至太保，有极高的政治地位。这样一个在汉魏时期举足轻重的官员，却没有为自己置办一处房产。在很多官员贵族都非常看重身后事的年代，王祥在临终之际，不仅反复要求家人简单地安排自己的葬礼，而且在遗嘱中对葬礼涉及的很多细节都做了详尽的安排，如"气绝但洗手足，不须沐浴，勿缠尸，皆浣故衣，随时所服。所赐山玄玉佩、卫氏玉玦、绶笥皆勿以敛。西芒上土自坚贞，勿用甓石，勿起坟陇。穿深二丈，椁取容棺。勿作前堂、布几筵、置书箱镜奁之具，棺前但可施床榻而已。糒脯各一盘，玄酒一杯，为朝夕奠。家人大小无须送丧，大小祥乃设特牲。无违余命！"在这个遗训中，王祥对入殓、丧葬、吊唁、送丧等方面都做了安排，他告知家人，在自己气绝之后，只需清洗手足即可，不要沐浴裹尸，穿以前的普通衣物即可。皇上恩赐的山玄玉佩、卫氏玉玦、绶笥等物品不要随葬。自己埋葬地西芒的土已经非常坚硬，所以不用再另外搬运甓石，也不需拱起坟陇。挖土二丈，外棺可容内棺即可。办丧事时，不需要做前堂、布几筵，也无需安置书箱镜奁，就在棺材前面放一张床榻。祭品也不必过于复杂，干粮、果脯各一盘，加上一杯玄酒。家人无论年长年幼都不须送丧，祭礼或宾礼也只用一种牲畜，最后还再次叮嘱家人不要违背自己的命令。王祥卒于泰始四年（268年），在他死后的七八年，他的家人生活非常穷困，以致晋武帝在咸宁（275—280年）年间赐绢三百匹以接济王祥的家属。

在王祥去世后不久，琅琊王氏家族又诞生了一位对晋室国祚影响深远的人物——王导。王导在东晋初年的地位与影响是毋庸置疑的，正是王导的努力，稳定了风雨飘摇的司马氏政权，使晋室国运又延续了一百余年，他也因此被司马睿尊称为"仲父"。王导虽然位高权重，平时生活却俭素寡欲，家中的粮仓既没有储存多余的谷子，也从不多穿一件丝质的衣服。除了自己保持俭朴的生活作风之外，在他的身体力行下，其子孙也都保持这种家风。王导族兄王敦，蜂目豺声，却从不说财色之事。王导长子王悦非常节俭，王导每次下令扔掉家中腐烂的甘果时，还反复叮嘱下人不让大儿子知道。

西晋统一全国之后，士人夸富比富之风盛行，比较知名的如石崇王恺比富，王恺饭后用糖水洗锅，石崇用蜡烛当柴烧；王恺做了四十里的紫丝布步障，石崇便做五十里的锦步障；王恺用赤石脂涂墙壁，石崇便用花椒。何曾日食万钱，仍觉无由下箸，其子何劭日食两万。凡此种种，都反映了西晋贵族穷奢极欲的生活风尚。但此一时期的琅琊王氏士子王戎、王衍诸人，却能在奢侈的风尚中保持本家族廉俭的家风。王戎的父亲王浑在凉州病卒后，过去的吏属们赠钱数百万，王戎却坚辞不受。比王戎稍晚的王衍不仅以明秀风姿闻名于西晋，他将金钱视为阿堵物的故事也在社会上广为流传。

王衍（256—311 年），字夷甫。西晋太尉、尚书令，封爵武陵侯。总角之年他就被竹林名士山涛品评为"宁馨儿"（原意是"这样的孩子",后来用做赞美孩子的话），14 岁时在京师拜访名重位高的仆射羊祜时，少年王衍用清辩的言辞清楚地申陈事状，毫无屈下之色，大家都为之惊异。王衍善于玄谈，加之家庭出身高贵，政治地位显赫，后进之士皆效仿学习，奉以为尊。晋武帝司马炎曾问王戎："夷甫当世谁能比?"王戎答道："未见其比，当从古人中求耳。"认为王衍才能当世无匹，唯有从古人中才能找到可与之相比者。甚至连性格刚强坚韧的王敦在渡江后还常常称赞"夷甫处众中，如珠玉在瓦石间"，画家顾恺之也称王衍风骨如岩岩清峙，壁立千仞。王戎、王敦、顾恺之对王衍的品评和鉴赏，提升了王衍的声望。

王衍虽以玄谈倾动当时，却迫于政治压力娶了贾南风之亲郭氏为妻。郭氏为人贪婪，聚敛无厌。王衍虽妙善玄谈，在生活中却不善经营，不事产业。早年，王衍父亲王义卒于北平后，之前的故吏旧属赠送了丰厚的财物帮助王衍办丧事。这些钱财后来都被亲戚旧识以各种名义借去，也未偿还。这使得王衍在数年之中家资散尽，只能在洛阳城西的田园中居住。一个不善经营的丈夫，遇到了一个聚敛无厌的悍妻，两个人经常因为金钱产生矛盾。为了表示对妻子郭氏贪婪的憎恶，王衍在言谈之间从不提及"钱"字。郭氏为了让丈夫难堪，便趁他熟睡之际，故意让婢女用钱绕满王衍的床，妄图逼迫他说出"钱"字。王衍醒后看到床的周围撒满了铜钱，便急忙对周围的婢女说："快点把这些阿堵物都拿走!"以阿堵物作为钱字的代称，读之令人忍俊不禁。郭氏之贪鄙，王衍之无奈，显露无遗，

"阿堵物"一词也随之演变成为后人对金钱的代称。

南朝刘宋时期，王弘、王昙首兄弟都以清俭知名，王弘在父亲王珣病逝后，不再收取其生前的债券，并一焚俱毁不予追究；王昙首年幼时兄弟们分割财产，昙首只取图书，其他分文不取。成人之后，昙首更是手不执金玉，家中的女性也不以金玉为饰物，除了皇帝御赐及俸禄所得之外，分文不受于他人。其族弟王琨亦是一位为官清廉、生活俭朴的官员。他平时生活非常节俭，每次宴请宾客最多只准备两盅酒，还一直告诫客人"此酒难遇"。家中的盐、豆、姜、蒜之类琐碎的生活用品，他都要亲自执取方能使用，一点也不舍得浪费。

孝建年间（454—456 年），王琨出为持节，都督广交二州军事，任建威将军、平越将军、平越中郎将、广州刺史等职。广州依山傍海，土地肥沃，凡在广州做官的人，都能够获得巨大的财富，世上流传着"广州刺史只要从城门过一下，就能得到三千万钱"的俗语。但是王琨在担任广州刺史期间，不仅没有纳取一点不义之财，还主动把自己一半的俸禄捐献给国家。等到任满回京之后，孝武帝刘骏知道王琨是一位清官，便直接问他从广州回来时得了多少还资？"还资"，又称"还装""归资""归装""资财"，是东晋南朝时期地方官离职返京时一同带回的钱财和物资。一般情况下，还资由三部分构成：一是官员在任职期间所应得的俸禄，二是原官府在官员离任时为其准备的钱、物，三是官员在任上通过各种形式搜刮、盘剥的钱财和物资。王琨如实回答孝武帝说："除了买房子花费了一百三十万钱之外，其余的和实际应得的差不多。"孝武帝听了很高兴，便加封他为给事中，转宁朔将军长史、历阳内史。后来又因为王琨忠厚老实，又迁为自己最心爱的儿子新安王东中郎长史，加辅国将军，迁右卫将军，度支尚书，不久又转出为永嘉王左军、始安王征房二府长史，加辅国将军、广陵太守，其间王琨所辅佐的都是孝武帝的皇子。明帝泰始元年（465年），又被迁为度支尚书，后晋升为光禄大夫。

王琨虽然在仕途上节节高升，但依旧保持自己节俭谨慎的生活态度，对于部分官员的奢侈腐化行为，他也用自己独特的方式表示反对。大明年间（457—464年），担任尚书仆射的颜师伯为人骄奢淫恣，为了方便取乐，他专门在下省设置了女乐机构，培养能歌善舞的女子侍宴享乐。这时王琨恰好担任度支尚书（主管全国财政和税收）一职，颜师伯便多次邀请王琨前去赏乐。王琨碍于情面，也不得不去应酬。在颜师伯府上听乐、宴饮时传酒上菜的都是歌伎，王琨以男女授受不亲，每次在斟酒上菜时都要让歌伎先把酒菜放在床榻上，自己先回头避开，等歌伎走后才转头取用，用完之后再以同样的方式传递酒菜。古板的形式让参加宴饮的官员们都抚手嘲笑他，但王琨则神色自若。自此以后，颜师伯再次设宴邀请王琨时，他干脆不去了。

王弘之子王僧达文采斐然，其兄王锡自临海郡去职归还时，故吏所送的资用及俸禄有百万余钱，僧达全部让奴仆婢女用车子带走，自己一点都不取用。僧达侄子王俭生性喜欢素简，少有嗜好。每天都以治理国家为务，车马衣饰简陋朴素，家中也没有多余的财产。

王弘从孙王瞻，出为晋陵太守时俭约朴素，轻财洁己，甚至连自己的妻子儿女都吃不饱、穿不暖。琅琊王氏第八代士子以下，以俭素著称的有王逡之、王延之及王劢等人。王逡之（？—495 年）为王彪之曾孙，历仕著作郎、国子博士、太中、光禄大夫等职，他生活质朴，穿衣从不讲究，家中使用的桌椅也非常陈旧。

王延之（421—484 年），王裕之孙，王昇之子。他年少时不善与人交际，屡次被朝廷征辟不就。宋明帝刘彧在位时任长史，加宣威将军。司徒建安王刘休仁征伐赭圻时，转为左长史，加宁朔将军。王延之生活清贫，连居住的屋子都漏雨。名士褚渊曾到他家去拜访，见到延之家中简陋破旧，便把这事告诉了明帝，明帝当即下令由朝廷出资建造三间斋屋供王延之居住。王延之生活清贫，居家简单朴素，为官以不扰百姓为要。任吴郡太守期满后，他个人的家产没有任何增加；任江州刺史时，除了朝廷发放的俸禄之外，更是一无所纳。他为人清静寡欲，平时很少参加官场的应酬宴饮，大多独处斋室之中，吏民很少得见。虽然家庭清贫，王延之家教却非常严格，他从不随意面见家中子弟，即使是节日问候，也都有固定的时间。萧子显在《南齐书》中说"延之居简，名峻王臣"，认为王延之居官简素，是南朝有名的严官王臣。

王肃（464—501 年），字恭懿，父亲王奂为南朝齐雍州刺史。王肃年少聪明有博辩，读书涉猎经史，曾任齐秘书丞。王肃志向远大，但命运多舛。其父王奂为雍州刺史时与宁蛮长史刘兴祖不合，不顾朝廷诏令，强杀刘兴祖以掩己过。事后在南齐朝廷的追查下，王奂不仅拒不认罪，又与长子王彪公然对抗朝廷，最后被齐武帝萧赜所杀，其子王彪、王弼、王爽等也未能幸免，王肃也因此被牵连，于太和十七年（493年）逃亡北魏。

到北魏后，王肃便以其高超的文化修养深受北魏孝文帝的重用，孝文帝曾亲自书写诏书向王肃表示自己对他的尊崇之意："不见君子，中心如醉。一日三岁，我劳如何。"（《魏书·列传第五十一》）一天不见王肃，孝文帝心中便非常思念，感觉度日如年。在孝文帝的提携下，王肃很快被授予辅国、大将军长史等职，不久又受命统率三军至义阳讨伐南齐。初次出征的王肃不辱使命，很快就打败了裴叔业所带领的南齐军队，凯旋回师后又被晋封为镇南将军，加都督四州军事，封爵汝阳县子。孝武帝崩后，宣武帝元恪继位，王肃与咸阳王元禧同为宰辅，辅佐君政。后任城王元澄对王肃屡加发难，揭发其谋反，不久王肃洗脱冤屈，并尚陈留长公主。此后他又带兵在合肥大破萧懿军队，并因此进位开府，仪同三司，封昌国县开国侯，食邑八百户，又加为散骑常侍、都督淮南诸军事、扬州刺史、持节。

王肃在北魏深受孝文帝、孝武帝的重用，官运亨通，但他为官清静，乐善好施，虽经常在边关打仗，但对所有人都竭力安抚，远近四方之士都愿意与他相交。王肃平时生活简单节约，不喜爱声色犬马之事，而且自始至终保持廉俭节约的生活作风。

除了恪守人臣之责、仁爱治民之外，王氏家族还以为人处世和气谨慎作为世代相传的家风。早在西汉时，先祖王吉为人处世就以和气为原则。王吉年少曾在长安求学，当时他东面邻居的家中种了一棵枣树，其中有一部分树枝和果实越过院墙延伸到了王吉的庭院之中。有一次，王吉的妻子把长在自家庭院中的枣子摘下给王吉吃。王吉知道后，便把妻子遣回娘家。东面的邻居听说王吉因此休妻，便要砍去枣树。周围的邻居们知道这件事情后，都一起阻止他，请王吉让妻子回家。这个故事在当时被传为佳话，现在还有"东家有树，王阳妇去；东家枣完，去妇复还"这样的谚语流传。

王氏子弟，无论个人政治地位的高低，大都能与周围的人保持和谐的关系，这种家风为个人乃至整个家族都赢得了较高的社会声誉。以王导为例，王导历仕东晋三位皇帝，是政权得以稳定的国之柱石，东晋开国皇帝司马睿登基之时，再三邀请王导与自己共坐龙椅，这在中国历史上是绝无仅有的，但是王导本人性格缜密，做事善于斟酌，从不自夸自大，公私内外都处置得非常得当。

至南朝王弘、王昙首兄弟，更是继承和发扬了这种和气谨慎的家风。王昙首脸上从不显示任何喜怒哀乐，闺门之中雍雍怡怡。王弘的玄孙王冲，善与人交际，并因此闻名。王冲第十二子王瑒居家笃睦，每年都要馈赠亲戚，还多次敦促族兄弟们遵守规训。王昙首的儿子王僧虔门风宽恕，孙子中除了王慈事孝之外，王志也为人宽恕敦厚。

王志（460—513 年），历宋、齐、梁三朝，尚宋孝武帝女安固公主，拜驸马都尉。在宋时为太尉行参军、太子舍人、武陵王文学、宁朔将军、东阳太守，入齐后为吏部尚书、右卫将军，仕梁时为前军将军、冠军将军、丹阳尹等职。王志为官清廉。萧梁时在京城有一个无子的寡妇，家里非常贫苦，小姑子亡故后，她又四处借钱安葬，之后却无钱偿还，王志体恤此妇的节义，便用自己的俸禄替她偿还债务。遇到饥荒时，王志每天早上都在都门前施粥，老百姓对他赞不绝口。生活中王志也十分宽和，门下的宾客曾盗卖王志家的车幔，王志虽然知道盗贼是谁，但并没有问罪，还像以前那样对待这个门客。琅琊王氏子弟性格的笃实谦和，行为的掩恶扬善，使得世人把他们尊为长者。

琅琊王氏家族为官清廉、为人简约，并不意味着他们安贫固守。在生活中，他们很早就接受了取财有道的思想。战国时期著名的思想家韩非子在《显学》一文中有"侈而惰者贫，而力而俭者富"之语，认为奢侈懒惰的人会贫穷，而勤奋节俭的人就会变得富裕。琅琊王氏家族无疑当属后者。中国古代悠久的农业文明造就了传统的重农抑商的观念，但起源于琅琊古地的王氏家族，北倚泰山，东濒黄海。依山面海的地理格局，让齐鲁文化在琅琊地区实现了独特的历史交融。战国时齐国重工商而国富的历史，让一些琅琊王氏家族成员接受了通过经商致富的思想。古人轻商，认为经商是舍本逐末，经商之道有亏于个人道德完善，又容易引起奢靡的作风，但这一传统观念似乎对琅琊王氏家族影响甚微。早在西汉，王氏先祖王吉就有"古者工不造雕瑑，商不通侈靡，非工商之独贤，政教使之然也"（《汉书·王贡两龚鲍传》）之论，认为在上古之时，工匠不制作花纹，商人也不竞相奢靡，并非因为工商者特别贤良，而是因为当时的政教使然。说明早在西汉时期王吉就对传统重农抑商的观念提出了质疑，他并不赞同古人所谓的从商易于引起奢侈之风的观点，而是跳出窠臼，从整个社会政治教化的角度提出国家可以纠正"商通侈靡"的风气，表现了与传统士人轻视商业完全不同的观念。

自西汉王吉至梁陈时期的王劢，琅琊王氏家族绝大部分为官士子都恪守廉俭家风，为官以廉，做人以俭，廉洁以奉公，俭朴以修身。但君子爱财，取之有道，琅琊王氏中部分士人又能够较为灵活地通过经商获得财富，不仅增加了个人的资产，甚至还帮助整个国家度过财政危机。

清正廉洁是中国传统美德的重要内容，被称为"国之四维"之一。何谓四维？先秦重要典籍《管子》一书中称"一曰礼，二曰义，三曰廉，四曰耻"（《管子·牧民·四维》），就是说在治理国家中，礼义廉耻是四大纲领，失去一个就容易让国家动摇，失去两个就会使得国家陷入危险，失去三个便会导致政权颠覆，全部失去则国家灭亡。要做到清廉为官，就要预防各种诱惑，坚持个人道德底线、操守，生活上戒除贪奢骄逸的作风。宋代著名文人苏轼《前赤壁赋》说："天地之间，物各有主，苟非吾之所有，虽一毫而莫取。"曾国藩在家书中常常警示家人道："世家子弟，最易犯一奢字、一傲字……京师子弟之坏，未有不由于骄奢二字者。"所以，但凡青史留名者，无不认识到公平则明，清廉则威，"为政者，廉以洁己，慈以爱民"（王夫之语）的道理。

《老子·第三十八章》中说："大丈夫处其厚，不居其薄；处其实，不居其华。"真正廉洁之士都能认识到廉洁是立身之本，而不是沽名钓誉的工具，只有做到清廉谨慎、克己奉公才可以更好地知民治民，成为民之表率；从反面来说，"凡人坏品败名，钱财占了八分"的古训也是清廉为官、老实为人的警示。明代学者洪应明所著《菜根谭》有一句至理名言："我不希荣，何忧利禄之香饵；我不竞进，何畏乎仕宦之危机。"自古以来，官宦之危机，莫过于贪奢，"俭，美德也，禁奢崇俭，美政也"（魏源《默觚·治篇》）这句话可以说是治理危机、修身立命、齐家治国的不二良方。

家风正，才能政风清。人的一生与家的关系最为密切，受家风熏陶和影响。家庭成员之间真挚的情感纽带，形成对领导干部道德修养的巨大渗透力。同时，家庭成员之间的互相影响相较于其他社会关系更为频繁、更为深刻，思想偏差最易在这种深刻频繁的互动中得以纠正和消灭。因此，对广大党员干部来说，好的家风方能滋养好的品性，以为工作与生活的立足之本。家风可以影响党员干部形成好的作风，反过来，党员干部的身正行范也有助于滋养良好的家风。党员干部自身优良的品质折射到家庭中，会带动家人形成正确的认知，养成清廉的家风，筑成一道坚不可摧的防腐墙。反过来，如果领导干部管不住家人的贪念，或者自己开关不紧，结果往往葬送自己前程，也葬送整个家庭的幸福。近年来，一些腐败案件呈现"贪腐亲兄弟、寻租父子兵"一荣俱荣一损俱损的家族式特征，很大程度上就是家风堕落的结果。因此党员干部在提升个人修养的同时，更应涵养优良家风，以修身治家推动廉洁自律和党风廉政建设。

四、处世：宽厚谦恭，仁爱友善

在中国古代思想体系中，齐家、治国、平天下具有内在统一性。家庭作为个人走向社会的起点，本质上构成了社会的基本单元。家庭是伦理道德的培养基地和实践场域，一个人如果在自己家里受到了良好的教育，那么，无论其社会身份如何转换，都不会失德或失礼。因为礼的具体仪文虽在家庭和社会中有所区别，内在精神却是一以贯之的。中国古代传统观点认为：对父母孝顺的，对君王就忠诚；对兄长敬重的，对长辈就恭谨；对子弟慈爱的，对晚辈、民众就仁和，这就叫"君子不出家而成教于国"。家庭治理是国家政治生态建设的微观基础。家风家教不仅关乎家族存续发展的内在需求，更是维系社会稳定的前置性要素。古代治国理念强调"家之正则国之定"的治理逻辑，揭示出修身齐家与社会治理的共生关系：个体的道德完善与家庭伦理建设，实质构成了社会秩序建构的底层支撑。这种双向塑造机制意味着，优良家风既保证代际间的价值传承，又为公共领域提供德性示范，最终实现家国治理的良性互动。

宽厚与谦恭是中国传统文化的基本精神之一。古人与他人交往，不仅仅对外在言行有较高要求，更强调内心的态度，只有如此才能真正做到对人谦恭。儒家讲诚、讲赤子之心，道家讲真，都是强调一种人生态度。《尚书·大禹谟》讲"满招损，谦受益"，认为自满之人一定会自损，谦虚之人则可受益。《国语·晋语六》讲"唯厚德者能受多福，无德而服者众，必自伤也"，不能做到宽厚，即使有福也不可能承受。

很多古代家风、家训中都体现了这些道理。东汉樊宏告诫自己的儿子"富贵盈溢，未有能终者。吾非不喜荣势也，天道恶满而好谦，前世贵戚皆明戒也。保身全己，岂不乐哉！"(《后汉书·樊宏传》)这就是发挥"满招损，谦受益"之意，告诫子孙要谦恭以保持家族。富贵而不谦恭，在他看来足以败家。一个家庭的环境营造，除了房屋选址、室内装饰、择邻而居外，还有一项更重要的，那就是宽厚的家庭氛围。宽厚是爱，是信任，只有在宽厚的家庭氛围中生活，每个人才能身心健康。袁采在《袁氏世范》中说，亲戚骨肉失欢，因小事而导致终生不和，多是由于争吵之后，互相斗气，不肯放下面子而造成的。朝夕相处，不能没有摩擦，有了摩擦后，如能心平气和地与对方讲和，才会解除隔阂，相好如初。处理社会人际关系仍然如此，我们为人处世，正应像《菜根谭》中所说的："处世让一步为高，退步即进步的张本；待人宽一分是福，利人实利己的根基。"

关于如何做到待人宽厚谦恭，儒家有一些具体的行为规范。首先，不以恶意猜测人。《大戴礼记·曾子立事》中说"君子不先人以恶，不疑人以不信"，说的就是人与人之间应当有基本的信任，不心怀恶意，不妄自猜疑。其次，主张师人之长，反对嫉妒别人。"见贤思齐焉，见不贤而内自省也"，说的是见到有才德的人要努力学习，反之则要进行自我反省。"己善，亦乐人之善也，己能，亦乐人之能也"（《大戴礼记·曾子立事》），反对嫉妒他人。再次，不能求全责备，勿言人短，责人勿苛。子贡曾经问孔子：君子也有所憎恶吗？孔子说有，并说他最厌恶的就是"称人之恶者"，他反对抓住人的缺点不放，主张"君子以人治人，改而止"。荀子说，"与人善言，暖于布帛；伤人以言，深于矛戟"，韩愈也主张"取其一，不责其二；即其新，不究其旧"（《韩昌黎先生集·原毁》），说的都是这个意思。最后，不念旧恶，以直报怨。《春秋公羊传·庄公十三年》中赞扬齐桓公宽宏大度，"要盟可犯，而桓公不欺，曹子可仇，而桓公不怨。桓公之信著乎天下"，而孔子也曾经对商朝末年孤竹国君的两个儿子伯夷与叔齐"不念旧恶，怨是用希"的行为表示肯定。曾子认为别人如有非礼和侵犯，君子不应同他一般见识，要"犯而不校"。

传统家风、家训在处理人际关系上，除了强调要宽厚谦恭外，还要人们做到仁爱。中华民族是一个仁爱而热情的民族，乐善好施历来是中国社会推崇备至的美德，现在所说的慈善精神，中国古已有之。扶助弱势群体的传统可追溯至先秦时期，既体现于官方的救荒平粜、恤老慈幼等制度化实践，亦呈现于民间宗族、宗教团体及个人的慈善活动中。

在传统的家风、家训中，有关救难济贫、助人为乐的表述亦甚为常见。如《钱氏家训》中说："家富提携宗族，置义塾与公田；岁饥赈济亲朋，筹仁浆与义粟。……信交朋友，惠普乡邻。恤寡矜孤，敬老怀幼。救灾周急，排难解纷。修桥路以利人行，造河船以济众渡。兴启蒙之义塾，设积谷之社仓。"

中国传统救济制度以国家和社会为主体，向鳏寡孤独及生活无着者无偿供给生存保障资源。历代救济政策始终以贫困治理为核心，其思想根基在于对贫困的认知建构——"贫"指物质资源匮乏，"穷"则特指生存困境，前者指向客观状态，后者侧重主观境遇。《论语·学而》的"贫而无谄，富而无骄"揭示贫富属经济维度，《孟子·梁惠王下》中说："老而无妻曰鳏，老而无夫曰寡，老而无子曰独，幼而无父曰孤，此四者天下之穷民而无告者也。"其中所提到的"鳏寡孤独"，则凸显传统认知中贫困者兼具物质缺失与社会支持断裂的双重困境。这种认知体系将个人境况置于家族邻里关系网中考察，使救济制度兼具经济援助与社会关系修复功能。

中国传统宗族救济体系以"收族睦亲"为伦理内核，构建起"生相济、死相恤"的互助机制。在官方救济之外，宗族共同体始终承担着主要社会救济职能，《管子·问篇》"问国之弃人何族之子弟""问乡之贫人何族之别"的记载，印证了宗族作为基本救济单元的制度性特征。通过"相保、相葬、相救"的伦理契约，《仪礼·丧服》确立的宗法制不仅维系着血缘共同体的存续，更形成以大宗为中心的救济责任体系。这种"强宗固族"的内在逻辑，在《白虎通义》中升华为"通其有无"的治理智慧：大宗通过统筹族内资源再分配，既履行"贩施贫族"的伦理义务，又维系宗族作为经济共同体的完整，最终实现"收族安人"的社会稳定功能。

后世宗族中出现了一种常见的宗内救济形式，即义庄。其中较为有名的是"范氏义庄"。范氏义庄为范仲淹所创，位于今苏州境内，持续800余年，一直到清宣统年间还在发挥作用。义庄保证族人的基本生活需要，给族人提供的救济有以下方面：领口粮、领衣料、领婚姻费、领丧葬费、领科举费、租借义庄房屋、借贷。同时，附设义学供族人子弟免费入学。义庄的功能涉及人的生老病死各个方面，保障一族之内人的基本需求，可以说是儒家在基层实践的一个典范。

中国古代慈善伦理虽发轫于家庭本位，却最终突破血缘边界，形成儒家特有的普世关怀。这种道德进阶在张载《西铭》构建的"天人共同体"中得到哲学确证："乾为父，坤为母"的宇宙论预设，将人类伦理关系扩展至天地维度，通过"民胞物与"的命题确立起"天下一家"的伦理共同体。在张载的诠释框架中，乾卦象征的进取精神与坤卦代表的包容品性，不仅形成宇宙运行的动力机制，更衍生出"尊高年、慈孤弱"的实践伦理。其"圣贤合德"的救济观强调，对疲癃残疾等弱势群体的救助，本质上是履行"天地之子"对宇宙大家庭的道德义务，这种将个体困厄纳入天道循环的思维范式，使传统慈善超越了简单的物质施予，升华为实现天人和谐的德性实践。

中国传统伦理体系中的利他精神，以"助人为乐"为实践形态，其价值根基深植于儒家仁学体系。孔子以"爱人"定义仁的本质，孟子发展为"仁者爱人"的伦理命题，二者共同建构起"立人达人""推己及人"的实践路径。《礼记·礼运》描绘的"不独亲其亲"的大同蓝图，更将这种仁爱情怀升华为社会理想：通过"老幼皆有所养"的保障机制与"鳏寡孤独皆有所依"的救济制度，实现个体道德实践与社会治理目标的同构。这种由己及人的伦理进阶，既包含"幼吾幼以及人之幼"的情感推衍，更蕴含"天下为公"的价值追求，使利他精神超越个体德性范畴，发展成为具有社会工程意义的道德治理范式。

对于个人成长而言，除了个人修身、家庭环境之外，社会环境的熏染也非常重要。因此，在中国传统文化中，除了注重格物、致知、诚意、正心的自身修养，也极为重视外部环境对人的影响。

家庭作为社会关系的基本单元，始终嵌套于社会网络与邻里互动的双重结构之中。作为非血缘社会关系的基本形态，邻里互动不仅是观察家庭伦理的实践窗口，更构成家风建设的关键维度——家庭在邻里交往中的行为模式，直接映射着其家风特质与文化资本。古代家训体系将睦邻伦理纳入家风建设框架，正是基于对邻里关系双重功能的认知：良性邻里互动通过营造正向情感空间提升家庭福祉，而失序的邻里关系则可能引发社会资本耗损。这种辩证认知推动形成"远亲不如近邻"的治理智慧，使睦邻文化在《袁氏世范》《朱子家礼》等典籍中升华为具有社会工程意义的伦理实践。

在对待邻里问题上，我国的先贤们积累了许多待人接物的经验和规范。流传下来的诸多家规、家训不乏这样的文字记载。如袁采（？—1195年，字君载，衢州信安人。著有《政和杂志》《县令小录》和《袁氏世范》三书）的《袁氏世范》对于如何处理与邻里中各种不同人群的关系就做了详细说明。袁采列举了四条，在第一条中，他特别强调要善待年老的妇女。我们知道，在古代社会，妇女往往较男子长寿，晚年如果得不到照料就会变得孤苦伶仃，所以袁采专门谈到要照料善待年老的妇女。第二条则是谈对待一般老人，尊老应该是邻里的基本态度，即使有些老年人德行不佳，也应该最大程度地宽容他们。用今天时髦的话说，袁采在这里处理的是"坏人变老了"的问题。第三条强调与邻里相处要有"中道"原则，做到"和易"，不能妄自尊大，尤其是要掌握与人相处的分寸，不能过分亲昵或无度以至于伤害对方。第四条则更为细致，讲家中的小孩如何对待邻里的财物，要求不但不能擅自损坏别人的财产，反而要小心看护，同时也要看管好自己的财物，省得财物受损后去责怪邻居。可以说，袁采的这些"劝诫"充满了生活智慧，注意到了生活当中可能发生的很多细节问题。

另外，关于处理邻里关系，曾国藩也有很多富于智慧的言论，他在家书中曾告诫家人，"富贵之家不可敬远亲而慢近邻"，"居官不过偶然之事，居家乃是长久之计"。古代社会，一个家族长期居住在一个地区，人们安土重迁，更有"荣归故里"的观念，在这种情形下，与同在某一区域的乡邻和睦相处也就变得十分重要，所以曾国藩强调不可"慢近邻"。现今社会，虽然搬家已经变得频繁，但是，近邻依旧十分重要，尤其是现在家庭少子化，远亲逐渐消失，邻里之间的相互沟通、打破陌生人社会的尴尬就变得更为重要。最可行的办法是建立邻里之间的互助系统，对古代乡邻文化进行创造性转化、创新性发展。事实上，这种人际的陌生性不仅仅在中国存在，很多发达国家同样面临类似的问题。因此，中国古代智慧所提示出的方向，具有某种普遍意义。

从以上内容不难总结出，中国古代对待乡邻的一条重要原则即"与人为善"，实际上这也是儒家道德哲学的重要实践准则。"与人为善"源自《孟子·公孙丑上》："取诸人以为善，是与人为善者也。故君子莫大乎与人为善。"其原始伦理内涵包含三重维度：其一，价值发现维度——主动辨识他人德行中的善端；其二，协同实践维度——引导群体共同参与善行；其三，道德激励维度——通过彰善瘅恶实现价值传导。这种动态的善性建构机制，在历史流变中逐渐凝练为普遍性的利他行为准则，其核心始终指向儒家"仁者爱人"的价值旨归。

（一）颜氏家风，德才并重

历史最悠久并有着清晰家谱记录的家族，除了被称为"天

下第一家"的孔氏家族，再就是颜回之后繁衍下来的颜氏家族
了。颜氏家族在时间的延续性上可以比肩孔氏，在家训、家教
的规模上，家族名人的影响以及现代颜氏宗亲的凝聚力上，都
已远远超过孔氏。孔、颜二族，瓜瓞绵绵，繁衍近百代，是源
于其先祖之光耀，更是家风使然。家风是一个家族的文化风格
特征，如春风化雨般熏染家族成员的精神风貌、道德品质、审
美格调和整体气质，并一代代相传沿袭下来。人在家族中出生
成长，直接接受家族长辈的日常行为训练，很多人甚至连基本
的教育也在家族内部完成，可以说古代家族之家风是子孙成长
的天然环境，是影响子孙处世策略、行为方式形成的重要因
素。能够延续两千五百余年，并且名人辈出、影响巨大的家
族，必定有着独到的生存法则、生活方式、文化氛围，并坚
守着独特的为人处世的指导思想和精神品格。这就是家风的
魅力。

　　颜氏家族的演进脉络在史籍中清晰可辨，其家风建构实际
上是家训规范与名贤典范双重作用的结果。颜之推在《颜氏家
训·序致》中说"同言而信，信其所亲；同命而行，行其所服"，
这恰好揭示了家族伦理的传承机制。颜渊以"箪食瓢饮"的修
身实践，在孔子"贤哉回也"的赞誉中铸就家族精神基因。秦
汉以降，自曹魏颜盛至东晋颜含，通过"禁异姓通婚、限品阶
出仕"的族规设计，确立孝悌为本的家风内核。南朝颜延之、
颜竣、颜见远等以文治武功延续家声，至北齐颜之推集大成著
《颜氏家训》，系统构建"德行为基、才学为用"的传家范式。

隋唐之际，颜师古注经传道、颜真卿忠烈殉国，既光耀门楣，更将家族文化提升为士林典范。宋元时期"复圣"尊号的制度化追封，使颜氏获得"世袭翰林院五经博士"的特殊称号，最终颜氏家族通过编纂《陋巷志》完成从道德世家到文化世族的转型。这种"修齐治平"的实践轨迹，印证了家风建设在家族史中的核心驱动作用。

孔门弟子众多，有三千之说，贤者七十二中就有八个颜姓弟子，世称"八颜"，其中的颜路、颜渊父子与孔子关系最为密切，尤其是颜渊自13岁跟从孔子学习儒家学说，从未改变初衷，其好学勤思的精神，居贫乐道的品质最得孔子喜爱，孔子有时亲切地称之为"颜回"或"颜氏之子"。颜氏后人自春秋时期便留下了许多闻人达士的典故，历代文人缅怀不已。颜氏虽起自庶支，中间经过数次起伏，千百年来显示出家族独特的文化魅力。生命力旺盛的颜氏家族文化在继承颜回思想的基础上取得了一系列重要成就，在儒学、文学、史学、小学、书法、绘画、音乐、雕塑等多种领域均有建树，这一方面是先祖重视家族教育理论的总结，形之于书面并传承后世的结果；另一方面也是由于本家族内不同历史时期出现了多位成就卓著的名人，以其行动与言论给予后人以直接影响的结果。颜氏家族中的重要历史人物言行与家族教育理论共同成为中国传统文化不可或缺的组成部分。世上享有极高礼遇的帝王公卿、高门贵族众多，却大多不过数代而歇，颜氏家族世守先代之训，历代多有名人伟才，这与其家风和家学有着直接关系。

在历史的变迁长河中，颜氏后裔繁衍生息在曲阜地区，汉魏以后曾因战乱避难多次迁徙，侨居琅琊、建康、江陵、邺城、长安等地，颜氏后裔的主要支脉于五代时期回归山东曲阜并定居。到北宋末年为了生存与发展，长支流寓江南，次支仍然留居在曲阜，从此形成南宗与北宗两大支派。大江南北颜氏后人不断流迁，现在颜姓后人在全国各省区市及港、澳、台地区有广泛分布，流寓海外的以分布在东南亚为主，如新加坡、马来西亚、印度尼西亚等国家，据不完全统计，全世界颜姓约有300万人。

1. 复圣颜回，安贫乐道

颜回（公元前521—前481年），字子渊，春秋末期鲁国人，十三岁拜孔子为师，终生师事之，是孔子最得意的门生，极富学问。《论语·雍也》说他"一箪食，一瓢饮，在陋巷，人不堪其忧，回也不改其乐。"为人谦逊好学，"不迁怒，不贰过"。他非常尊重老师，以德行著称。孔子对颜回称赞最多，赞他"贤哉，回也"，"回也，其心三月不违仁"。自汉高帝以颜回配享孔子、祀以太牢起，颜回被列为七十二贤之首，历代帝王封赠有加。元文宗封颜回为兖国复圣公，明嘉靖九年改称"复圣"。复圣即取"具体而微""圣人复活"之意，即颜子是至圣孔子的再现。

颜回一生没有做过官，没有什么傲人的政绩，除了先秦古籍中记载的部分言论，并没有独立的著述，为什么他能得到后人那么多的赞誉，还被历代帝王追封呢？那是因为颜子传给后人的主要不是文字教诲，而是由其言行所体现出的风神和气度。朱熹《近思录》专列"圣贤气象"一节，分别对儒家的三位重要人物进行了描述，他说："仲尼，天地也；颜子，和风庆云也；孟子，泰山岩岩之气象也。"朱熹这段话中讲出了颜回祥和的风貌，如

| 颜回画像

春风化雨般让人愿意接受和跟随。颜回给予这个世界的影响可以说是"不言之教"，因为他传递给后人的不是知识与学问本身，而是对待事物的态度。颜回对孔子的教诲不违如愚，对他人自然和气，使后人心感而自化，这是最高境界的教育。

颜回之风表现在德行、学问、志向、修养等方方面面。颜回是当今颜氏的先祖，他的种种美德、才能、智慧等留给这个家族巨大的精神财富。可以说，颜回的德行奠定了颜氏家风养成的基石。

人生追求的是什么？这是每一个人多多少少都会思考的

问题，并且被一代代的人不停地追问。中国古代的哲人早就探讨过，并提出一种永恒意义的境界，即三不朽："太上有立德，其次有立功，其次有立言，虽久不废，此之谓不朽。"(《左传·襄公二十四年》)"立德"，就是树立德行的榜样；"立功"，就是为国为民建功立业；"立言"，就是发表真知灼见的言论，创立学说。三者如果能做到其中之一也便可在这人世间经久不废、百世流芳。这种人生追求早已内化为中国人价值判断的标准，激励着人们实现个体生命的最大价值。其中的"立德"又是最高也最难达到的境界。颜回在孔子三千弟子中被赞为德行科第一，是孔子教育后人的榜样，是"太上立德"的标杆。颜回的思想、人格和言论，成为中华民族共同期待的君子楷模，至今仍为我们现代人所崇敬、学习和奉行。

孔子所高度赞美的颜回具备什么样的德行呢？首先一点就是他好学的优良品性。当鲁哀公询问孔子弟子中何人最好学时，孔子对曰："有颜回者好学，不迁怒，不贰过。不幸短命死矣。今也则亡，未闻好学者也。"(《论语·雍也》)孔子回答说他有一个叫颜回的学生非常好学，他从不迁怒于别人，也从不犯同样的错误。不幸短命死了。现在没有那样的人了，没有听说谁是好学的。孔子不仅表示颜回是最好学的人，还加以解释，认为他"不迁怒，不贰过"，他遇到挫折或困难既勇于自省，又善于吸取教训，如此品性是好学者最为可贵的特质。

《论语》中多处阐述了好学不仅仅是为了识文断字，更是为了学会后去带动其他人，是为了改变自己，让自己变得更好。孔子强调的颜回"不迁怒，不贰过"的品质更是难得，能够做到不拿别人撒气，从自身出发积极主动地改变和解决问题，也就不会重复犯错，从而更好地记住教训，不在一个地方摔倒两次，也就没有那么多的埋怨和怒气。"迁怒"其实就是宣泄自己，把怒气发泄出去，把痛苦转嫁出去。迁怒使自己一时舒服，但是可能因此而痛苦，追求高尚品德的人不应该如此。

人在生活中遇到挫折或困难，情绪低落，常常不免迁怒于他人或叹息命运不公，这样徒增烦恼，于事无补。如果在遇到不顺时，第一步是自我反省，冷静处理，就不会把怒气迁移到他人身上，不仅不会破坏与别人的沟通，而且也提升了个人的修养。"不贰过"指的是犯过一次错误，下一次不再犯同样的过错，这看似很简单，实际上却不容易做到。一个人如果曾经犯过错误，以后就需要事事用心，时时提醒自己，在对所犯之"过"的反思中提升自己，以避免再犯同样的错误。即使我们明白很多道理，也知道很多错误不该再犯，但是真正做到却并不是一件容易的事，因此"不贰过"在今天仍具有很强的指导意义。

如果一个人仅仅具备某种德行而不好学，那么很难有更大的进步。如孔子在教导子路时曾举过"六言六弊"之说，指仅做到仁、知、信、直、勇、刚其中的某一个方面，却不能同时做到好学，会造成六种弊端，也就是"愚""荡""贼""绞""乱""狂"，因此修养个人德行一定要与好学结合起来。颜回的好学是与良好的品德结合起来的，所以孔子不止一次地赞美他。

孔子说："好之者不如乐之者。"这种境界就是将所从事的事业当乐趣，颜回与孔子以终生行仁为乐，后人归结为孔颜之乐，或称"孔颜乐处"，成为后世士大夫哲学领域的终极追求。

颜回真的是贫苦之士吗？颜氏原为王族后裔，虽没落，但不见得贫穷。颜回说过："有郭外之田五十亩，足以给飦粥；郭内之田十亩，足以为丝麻。"（《庄子·杂篇》）虽然他的生活并不富贵，但是也并不是生活窘迫，甚至可以鼓琴自娱。但颜渊所重的不在物质的贫富，而在于对道的追求。他说"所学夫子之道者，足以自乐也"，即以学道为乐。把追求学问当作乐趣，就无怪乎他以贫如富、以贱如贵了。颜回志向宏大，胸襟宽阔，意志坚韧，情操高尚，不汲汲于物质享受而志在天下，心怀民众。无论处于贫贱环境，还是身处荣华场所，都一样不易志节、不改操行，这种超凡脱俗的心境，古今无人可敌。千年之后思想家程颐曾说："颜子则箪瓢如是，万钟如是。"忘身物外，专注如一，内心强大，精神感天动地，千百年来多少仁人志士在追寻，在叹惋。富如贫可以做到，贵如贱也不难效仿，但是反过来却难以坚守。贫而乐，富而好礼，是平常人难以达到的境界。颜回就是一个处贫而乐的人，他将身外之物置之度外，专心致志地追求天下之大道，如果后人认为他安于贫贱、不思改变，就是对他极大的误解。

追求安乐是人的本能，但以什么为乐，却显示出人的境界的差异。孔子把"乐"与"仁"二者结合起来看待，认为"不仁者不可以久处约，不可以长处乐。仁者安仁，知者利仁"（《论语·里仁》）。意思是说缺乏仁德的人不能长久地处于贫困之中，也不能长久地处于安乐里，他们不会调节个人欲望，被外在影响而很容易导致内心不安。有仁德的人可以从仁德中得到安乐，有智慧的人则是知道行仁对自己有利，也就是说仁者才能安贫乐道，孟子讲过"无恒产而有恒心者唯士为能"（没有一定的财产却有稳定的心志，只有士人才可以做到），也是指这个道理。颜回不爱慕富贵，认为天地之间有比物质享受更重要的东西，忘我追求就会获得内心的平和，体会到其中的乐趣。孔子也说过："吃粗茶淡饭，枕着自己的胳膊睡觉，只要合乎道义，这样的日子也充满乐趣。"颜回与孔子的精神追求被后人称为"孔颜乐处"，最早由北宋理学家周敦颐提出，二程、朱熹等也对此有所阐发。"孔颜乐处"是儒学推崇的安贫乐道、达观自信的处世哲学，指终生为学道、守道与弘道而乐。《论语》记载了许多孔、颜共同学道的情形。《孔子家语》《韩诗外传》《说苑》等多种古籍均记载颜回表述自己的政治理想是作辅相，以礼乐教民，大家和平相处，做到各国各城不必修城郭、建沟池等防御设施，武器化为农器，家家可以安康，生活无后顾之忧，无战斗之患。这种政治理想是将庶民安居乐业定为终极目标。孔子称此为不伤民、不害民。可见颜回之乐包含有淳厚的重民爱民思想及与民同乐的成分。

孔子与颜回虽为师徒，但二人常平等地探讨问题，在一些事情的看法上非常一致，因此处处碰壁的孔子对颜回特别珍重。如当孔子困于陈蔡，很多弟子想离开孔子时，颜回坚定地留下来支持孔子，并认定孔子之道为天下大道，这使孔子十分感动，甚至高兴地表示自己愿意为颜回做宰辅，"有是哉！颜氏之子，使尔多财，吾为尔宰。"（《孔子家语·在厄》）孔子年长颜回三十余岁，却说自己愿辅佐颜回，这当然是在与弟子开玩笑，同时又显示出老师对这位弟子是由衷地欣赏。

颜回曾以"乐天知命故不忧"劝慰夫子，孔子进一步阐发了忧与乐的内涵，他将忧乐分为三重境界：初境乃"不忧"，乐于天道之序，通晓命途之理，是个体的超然之乐；进而生"大忧"，系心邦国治乱，谋济世良策而不得其法，是对家国命运的担忧；终至"真乐"，洞彻天道运行，体悟万物和鸣，达至无往不乐之境。这三重境界层层递进，孔子证得真谛，颜回心领神会，纵使聪敏如子贡者，犹未能窥其堂奥。

孔子多次称赞颜子好学，认同他安贫乐道的做法。《论语》中非常有名的就是这句："贤哉！回也！一箪食，一瓢饮，在陋巷，人不堪其忧，回也不改其乐。贤哉，回也！"颜回所居之地"陋巷"因此而得名，"箪食""瓢饮"成为后人描摹贫穷生活状态的著名典故。

颜渊关注的是什么呢？不是吃什么美食，也不是饮什么佳酿，更不是居住在什么高标准的华屋里，而是关注从孔子那里学来的道，并思考怎样去践行。孔子自己也如此表述："饭疏食饮水，曲肱而枕之，乐亦在其中矣。不义而富且贵，于我如浮云。"(《论语·述而》)说明了有理想、有志向的君子，不会在意吃、穿、住等物质条件。孔子希望别人认识到，"其为人也，发愤忘食，乐以忘忧，不知老之将至"(《论语·述而》)，意思是发愤用功到连吃饭都忘记了，快乐把一切忧虑都忘记了，连自己快要老了都不知道。孔子、颜回所乐之处在于学道、行道及弘道，为了心中的理念而终生追求。孔子曾对颜回说："用之则行，舍之则藏，惟我与尔有是夫！"(《论语·述而》)意思是当国家需要的时候，就出仕为国效力；当国家不需要的时候，则回家隐居，只有我和你才能这样吧。芸芸众生，熙来攘往，天下也就只有这师徒二人可以做到不为物欲驱使，仅为实现理想而生存吧！

颜回的一生除了跟随孔子学道，还曾实践孔子学说。《庄子·人间世》记载了颜回从政的一个事例。他听说卫国的国君，因为年轻，办事专断，处理政事十分轻率，却看不到自己的过失，役使百姓，待民如草芥一样，百姓无处可逃，于是他决定去卫国实践自己的政治理想。在离开之际他对孔子说："我曾听老师说：'国家治理得好了可以离开它。国家治理得不好我们就应该赶过去，就好比医生门前病人多一样的道理。'我多年来跟随您学习了治国的理念和方略，希望根据先生的教诲思考治理卫国的办法，卫国的这些病症也许还可以救治吧。"

颜回不仅意欲救治卫国，还曾向东到了齐国，意图怀抱儒家"法先王、尊圣王"的主张去游说齐侯。其他史料中有记载颜回曾向西游说王侯之事。这些都可看出颜回努力将所学的知识、所积累的才华运用到社会实践中去。

《中庸》记载，孔子曾评价："回之为人也，择乎中庸，得一善则拳拳服膺而弗失之矣。""中庸"作为一种重要的思想方法与处世原则，强调追求和谐、平衡和适度，是儒家文化中关于个人修养和社会治理的基本价值理论。颜回无视生活的简单清苦，一心向孔子学习道义，并时有发挥，以至于乐道，不慕富贵，追求着儒家的最高道德境界，为颜氏子弟树立了光辉的典范。

颜回对后人的影响非常深远，两千余年颜氏家族的发展由此兴起，颜回的德行与智慧成为后人挖掘不尽的源泉，以德立家、以才传家的家风也由此奠定，并绵延千年。颜回被后世的颜氏家族奉为一世祖，他安贫乐道、勤奋好学的种种美德，是留给后人的巨大精神财富。

秦汉以降的颜氏子弟谨守儒家之道，或为官清廉，或孝悌忠义，各有成就。其次，安贫乐道的生活态度造就了后人清静自守、知足中庸的处世原则，培养了淡泊勤勉的家风。再次，颜回克己复礼、努力践行的行为方式为后人树立了弘道的典范，其后人无不以儒学为追求，以弘扬大道为己任，仅南北朝便出现了数位志士仁人。最后，颜渊好学，令家族后人重学，因而不仅在经史讲义上有大量传世之作，在文字训诂、音韵学上也贡献非常多，家族史上以名德、学业、著述、文翰留名青史的人不计其数。

2.忠君爱国，大义千载

颜渊二十三代孙颜斐、颜盛，此二人政绩卓著，俱为良吏。颜盛的功绩被赞为"刑清齐右，政偃营区"，表明颜盛为官期间，所辖地区刑罚公正，风气良好。

颜斐，字文林，东汉末年出仕，三国魏时官至京兆太守，被正史称为"良二千石"。东汉末年关中战乱频仍，董卓之乱后，京兆及其周围地区无人管理，"白骨露于野，千里无鸡鸣。生民百遗一，念之断人肠"就是这一时期的真实写照。曹操平定马超、韩遂的战争中，中原经济再次遭到破坏，朝廷委派的地方官只顾收敛百姓的赋税，不为百姓作长久之计，致使这一地区经济长期不能恢复，生灵涂炭，民不聊生。

魏文帝黄初年间（220—226年），颜斐被任命为京兆（今陕西西安西北）太守。颜斐非常关心民情，初到官任，就命令属下各县修整阡陌，植树桑里，进行了粮田基本设施改造。因为百姓缺少车、牛等劳动工具，生产力低下，颜斐又教导百姓在农闲时收集木材，并聘请专门的工匠教他们制作车辆农具，还教导百姓养猪狗，待其长大之后卖出，再用以买来耕牛。这些措施看上去十分繁杂，一开始人们都不愿意听从，后来渐渐跟着实施，果然不出几年，家家有丁车、大牛，生产力得到大幅提升，人们的生活逐渐富裕起来。之后，颜斐开始注重教化，这种富而教之的治民策略，与颜氏先祖颜渊的治民思想十分接近，也符合孔子"富之，教之"的理念。颜斐在当地兴起文学之风，对有志读书的吏民，均免除部分徭役以进行鼓励。他还命令百姓在交纳租税时，在车上捎两捆干柴，起初人们不知何用，到了冬天，人们才明白过来，这是太守让他们在农闲时学习，冬季笔砚容易上冻，点上柴火可以烤化结冰的笔砚，以方便读书者练字作文。一系列措施下来，当地风化大行，吏不烦民，民不求吏。京兆地区的开明政治与周边冯翊、扶风等郡的荒政形成了鲜明对比，当地百姓越来越爱戴这位清正廉洁的良吏了。

他在任十余年间，京兆人民日渐富庶，但颜斐仅仅依靠俸禄生活，从不贪求其他的财富。百姓安居乐业，军民相处融洽，当他被迁为平原太守后，官民都舍不得他离开，跟随其后相送十余里之外。

他死后，京兆地区的百姓自发为他立碑，以表达对这位太守的纪念。颜斐当政十余年，民生吏治焕然一新，他督劝农桑使仓廪充盈，整顿市场令商贾有序，修缮武备保境安民，兴办教化蔚然文风。他在时，百姓"垂涕挽留，不忍其去"，他死后"道路追思，如丧考妣"，后世赞之为"良二千石"，可谓名副其实。他清正廉洁，不畏权贵，这是颜氏家风淡泊名利、务实进取方面的实际体现。

六朝时伦理丧尽，世族无忠节之心，似乎已成定论。南朝世族文人多以"勿豫人事"自高身价，如沈约为吏部尚书，"用事十余年，未尝有所荐达，政之得失，唯唯而已"；谢庄为吏部尚书"笑而不与人官"；江总"官陈以来，未尝逢迎一物，干预一事";周弘让标榜"但愿沐浴尧风，遨游舜日，安服饱食，以送余齿"。这样的世族文人之风日益兴盛，高门子弟享受着高官厚禄，却不屑于履行职责，更可怕的是，他们将这种为官方式当作时尚，自视为清高。士人所重的仅有世禄、羽仪等世俗享受，而对于"节义"之举毫不在意，这不能视作简单的道德滑坡。自东晋至南朝数百年间政权分裂，政由旁出，世事难料，一个鲜活的生命随时可能在战乱或政变中消失，新朝又以无限机遇对士人加以诱惑；同时玄学、佛教等思潮带来思想界的多元化趋势，引导士人对生命的思考走向新的阶段。而在这一系列的朝政变动中仍能坚持君臣之节，为职守尽心竭力者，实为儒家君子。

颜见远为颜渊第三十三代孙，他自幼继承家学，志向高远，性格方正，不同于流俗，曾在南齐萧宝融镇守荆州时为录事参军。后来萧宝融即位于江陵，即历史上所称的齐和帝，任命颜见远为治书侍御史兼中丞，他执法严正，不畏强暴，忠心事主。大将萧衍早就觊觎帝位，逼迫萧宝融下诏禅让，自己篡权。不久萧宝融暴崩，梁武帝萧衍受禅，建立南梁政权。众世族纷纷拥立新皇帝萧衍，毫无愧色。且不说著名的世族代表沈约、范云等人帮助萧衍策划夺取政权，又劝他一不做二不休，杀死萧宝融，自然乐得在新朝政权中继续为官，其他世族大夫也不在话下。但同样贵为侨姓士族的颜氏，却出了一位节义之士，就是颜见远。萧宝融被害后，颜见远恸哭不已，绝食而死。其忠烈之举，集中体现了颜氏家族文化中忠诚炽热的儒家情怀。新登基的梁武帝萧衍倒是一位开明的皇帝，对颜见远的殉死并不深究，只是对朝臣叹息道："我顺应天命人心当上皇帝，与你们这些士大夫有什么关系？谁想到颜见远竟会做出这样的事！"这句轻描淡写的话折射出世人对节义廉耻的漠视，正可以反衬颜见远的忠烈刚正、超拔独立。

颜见远的儿子颜协，继承父志，也抱定不和新朝合作的决心，直到萧绎做了湘东王，征颜协为其府记室参军，颜协不得已，才应命出仕，也仅仅仕于藩王而已。南朝时期，门阀世族往往为了家族利益而背弃忠义道德，而颜见远以身殉国，忠烈之风可嘉。《资治通鉴》称"齐臣以死殉和帝者仅一颜见远"。

到南梁末年，江陵被西魏军队攻陷之后，西魏统治者劫掠了江南的大量人才回到长安，被唐代的令狐德棻赞叹为"荆衡杞梓，东南竹箭"，其中除了众所周知的王褒、庾信等世家子弟外，还有一位值得大书特书的人物就是颜之仪。

颜之仪（523—591 年）是颜见远的孙子，颜协的儿子，北周至隋朝时期大臣、文学家。颜之仪以"谅直无私"见称，对北周的政坛及文化事业贡献非常大，其政治气节影响了隋唐以后的许多文人。

关于颜之仪在梁朝做官的时间和最初职位，现在没有明确记载。比起那些京城建康的大家族，生活在江陵的颜氏家族既不算显贵，名气也不大。他的父亲颜协 42 岁就去世了，当时大儿子颜之仪17岁，小儿子颜之推才8岁，只能靠"慈兄鞠养"。这种家庭环境导致兄弟俩长大后很难在官场有所发展。根据颜之推回忆，父亲去世后留下的书稿还没来得及整理就碰上侯景之乱（约548—552年间），结果颜协的文集全部毁在战火中，这成为颜家的一大遗憾。战乱发生时兄弟俩年纪尚小，都没能当上官。虽然颜之仪最初当的官不大，但他为人正直、为官清廉，这种品格在北朝深受推崇——毕竟北方政权特别看重儒家道德修养。

北朝从北魏开始就重视文化建设，但当时人才和典籍都比较匮乏。颜之仪在北周凭借文学才能被选为麟趾殿学士（主要职责是校订整理国家典籍）。他工作认真、为人正直，很快被提拔为司书上士，后来又当上太子侍读。这个职位要求既精通儒学又有高尚品德，太子对侍读要以礼相待、请教学问，所以当时很受尊重。除了给太子讲课，侍读还有个重要任务就是及时提醒纠正太子的错误。当时太子身边的郑译等人都是奸臣，风气很差。但颜之仪坚持原则，面对掌权的郑译、刘昉也不退缩。他直接劝谏说："古先哲王立诽谤之木，置敢谏之鼓，犹惧不闻过。于义之言，不可罪也。"古代圣王设置谏鼓谤木（古代听取民意的设施），就是怕听不到批评，提意见的人不该被治罪。好在北周武帝是个明君，能明察秋毫，不仅不怪罪他，反而赞赏他，并给他高官显爵。太子继位成为宣帝后，颜之仪担任御正中大夫，负责起草文件、参与决策并监督政务。当时宣帝的皇后也插手朝政，但她性格乖张行事荒唐。颜之仪多次当面劝谏，虽然意见不被采纳仍坚持进言。时间久了宣帝对他很不满，但念及师生情分总是放过他。直到有次皇帝要杀大臣王轨，颜之仪再次死谏，气得皇帝差点连他一起杀，最终因为他向来正直才作罢。

颜之仪几番以直谏触怒宣帝而得以豁免，除了他自身正直敢言的品格，还得益于他显赫的家族背景。颜之仪出身于南朝高门世族，世代为官，对于南朝的典章文物十分熟悉，所以连昏纵残暴如周宣帝者也不敢轻易加害他。颜之仪不仅自己正直无畏，还为其他朝中忠义之人呐喊助威，并竭力相救。如王轨曾立下大功，但因小人诋毁而被杀，颜之仪曾为救王轨一再进谏，可惜未能成功。还有一位忠义之士因上疏谏宣帝而获罪，后来靠颜之仪才得救。

北周末年，宣帝驾崩，刘昉、郑译等人暗中联络杨坚准备夺权，完全无视皇帝临终嘱托。颜之仪深知这不是先帝的旨意，拒绝他们的请求，并坚决不予配合。刘昉等人就起草好诏书，逼迫颜之仪在上面署名。面对死亡的威胁，颜之仪仍不为所动，厉声斥责刘昉等说："主上去世，继嗣之子年幼，朝廷大权应该由才能杰出的宗族掌握。现在皇亲之中，赵王年龄最大，无论从血缘上还是从德行上来说，都应该寄以重任。你们备受朝恩，应一心尽忠报国，怎么能一下子就将朝廷大权交给别人！我颜之仪即使一死，也不能欺骗先帝。"颜之仪不惧强权，誓死捍卫周帝利益。刘昉等人知道颜之仪不会屈服，又不敢对他下毒手，就私下代替颜之仪署名，最后恶行得逞。杨坚当上宰相后亲自向颜之仪索要符玺，颜之仪正色道："这是天子的信物，自有主人，做宰相的凭什么索要？"于是宰相大怒，本想杀掉他，但是因为他在民众中声望很高，只好放了他，但把他贬出京城，到遥远的西疆做郡守。

杨坚后来做了隋朝的开国皇帝，即隋文帝，他对北周几个大臣的评价很有见地。他称刘昉、郑译、卢贲、柳裘、皇甫绩等人为"反覆子"，这些人在周宣帝时以无赖得幸，隋文帝清楚，虽然他们拥戴自己做宰相，但他们在北周不顾忠贞之节，在隋朝同样也没有尽忠的诚信。相反他对曾经反对过自己的颜之仪却赞叹有加。隋文帝在立国后再次见到他时称叹道："危难时刻勇于献出自己的生命，面临生死存亡的紧急关头而不改变节操，古人也难做到，用什么来嘉奖你都不为过。"面对强权势力的冲击，颜之仪不为所动，其忠诚信义的决心昭然纸上。

颜之仪归顺隋朝后任集州刺史，《隋书》记载他在任期间"在州清静，夷夏悦之"，可见这位忠臣治理地方时同样体恤百姓，政绩斐然。他仗义执言、精忠报国的精神不仅被时人称颂，更为后世树立了精神标杆。百年后颜氏家族涌现的颜真卿、颜杲卿等忠烈之士，正是这种家风传承的明证。反过来说，颜之仪的气节也绝非昙花一现，而是随着时间推移愈发彰显其历史价值。

六朝数百年间朝代更迭如走马灯，真正守节殉国的忠义之士寥寥无几。当时玄学推崇"越名教而任自然"，儒家忠孝伦理几乎崩塌。颜之仪虽原是南朝官员，但归顺北周后始终恪守臣节，既维护朝廷利益又稳定社会秩序，尤其在南北混战、道德失序的乱世中，坚持用忠孝理念治国理政更显难能可贵。《周书》特意将他的传记与尉迟运、王轨等北周宗室忠臣合为一卷，正是对其历史地位的肯定。

隋代的颜师古是颜之推的孙子、颜之仪的侄孙，他除了在文化事业方面贡献巨大之外，也曾任过地方官。早在隋代，他就以学以致用著称于世。隋仁寿年间，年纪尚轻的颜师古得到尚书左丞李纲推荐，授职安养县尉。当时的权臣尚书左仆射杨素见颜师古年纪不大，相貌羸弱，有些不信任他，就委婉劝他说："安养是一个政务繁重的县，你能承担得了这个重任吗？"师古答道："割鸡焉用牛刀！"杨素觉得他的回答很奇特，一心想看看他有什么才能。颜师古到任后，显示了精明强干的能力，处理政务果然迅速果断，一时声名鹊起。但颜师古因年少得志，性情太过骄纵，影响了仕途升迁，在安养任上虽有政绩，但不久便坐事免官，从仁寿年间到唐高祖入关，闲居长安长达十余年不得再任。

颜氏家族忠君孝悌这一家风对后世子孙影响深远。唐时颜杲卿、颜真卿堂兄弟二人，谨奉儒家忠孝之道，在唐王朝由盛转衰之际，不计个人宦海沉浮，竭忠尽智，最终以身殉国，表现出了耿介忠臣的崇高品质与坚贞气节。清乾隆帝南巡，途经山东临沂，游览了明嘉靖年间修建的五贤祠，看到里面供奉的五个人中有颜真卿、颜杲卿二人，写诗称"忠以捐躯颜杲真"，就是对兄弟二人的赞誉。

颜杲卿（692—756 年），字昕，生于京兆万年，祖籍琅琊临沂（今山东临沂），他是颜之推的五世孙，与颜真卿同为颜师古的堂曾孙。天宝十四年（755 年），安史之乱爆发之后，中原重镇纷纷沦陷。颜杲卿与儿子颜季明守常山，颜真卿守平原，都是前线阵地，他们不像大多数守城长官那样轻易弃城降敌，而是主动奋起抗敌，激发了十七郡共同举兵二十万合力抗敌，局面为之一改。次年，安禄山叛军围攻常山，抓到颜季明，并以他为人质，逼迫颜杲卿投降，但颜杲卿不肯屈服，还大骂安禄山，其子颜季明被残忍地凌迟处死，后来尸骨仅剩下一头一足。不久常山城为叛军所破，颜杲卿被俘后被押解到洛阳，安禄山责问颜杲卿说："你原本是个小官吏，我提拔你做了太守，你不感恩于我，为什么要背叛我？"颜杲卿义正词严地大骂："我家世代为唐臣，恪守忠义，即使得到你的推荐而获官，我又怎能跟你一起反叛朝廷呢？何况，你不过是营州一个放羊的胡奴，凭借皇上恩宠，以致身兼三镇节度使，皇上哪里亏待了你，而你却要背叛朝廷呢？我为国除奸，怎么叫背叛？"安禄山恼羞成怒，命令手下割掉颜杲卿的舌头，说："看你还能骂吗？"强忍剧痛的颜杲卿仍用含糊不清的声音大骂不止，怀抱着忠义的信念，毫不屈服，直至流尽最后一滴鲜血。同日，颜杲卿的幼子颜诞、侄儿颜诩和袁履谦都被先截去手足、后遭碎剐而死。南宋民族英雄文天祥在《正气歌》中列举了历代以来善养浩然之气的人物，于唐代就取了两位抗敌英烈的著名事迹，"为张睢阳齿，为颜常山舌。"这里的颜常山就是颜杲卿，此诗画龙点睛般地刻画了颜杲卿最后英勇就义的形象。颜氏一家在安史之乱中表现了忠君爱国的精神，为维护国家的统一，反对分裂作出了极大的贡献。

颜真卿（709—784年），唐朝名臣，著名书法家，颜体书法的开山鼻祖。书法作为中国特有的经典艺术，数千年来影响到了全世界。无论专业书写还是兴趣爱好，练习颜书几乎成为不二之选。颜真卿绝美书法造诣的背后，是其精神风骨。换句话说，颜真卿这个名字，绝不仅因书法造诣而令人敬仰，更因其风格和气节而璀璨辉煌。

安史之乱爆发前，颜真卿在平原太守任上，为预防安禄山叛乱他提前采取了许多备战措施，而河北诸郡长官无一虑及此事。安史之乱爆发后，诸郡望风瓦解，纷纷沦陷。《旧唐书·颜真卿传》记载："玄宗初闻禄山之变，叹曰：河北二十四郡，岂无一忠臣乎？"此时，独颜真卿率先在平原起兵，并设计杀安禄山部将李钦凑，擒高邈、何千年。此后，河北诸郡纷纷响应，打乱了叛军的进攻节奏。唐玄宗大喜，"顾左右曰：朕不知颜真卿形状何如，所为得如此！"

两年后，颜真卿派人寻找兄长和侄子的遗骸，最终只寻得颜季明的头骨和颜杲卿的部分尸骨。是时，他写下了书法史上著名的《祭侄文稿》一文。挥笔起草之际，哀思不已，悲愤交加，情难自禁，顿挫起伏，随感情波动而自然挥洒，动人心弦，成行草精品。元代鲜于枢称其为"天下行书第二"。南宋

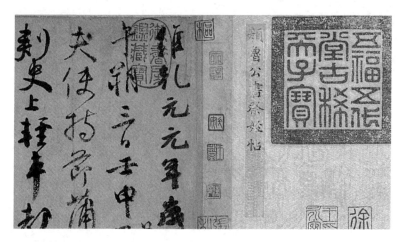

颜真卿《祭侄文稿》（局部，台北故宫博物院藏）

末陈深说："其妙解处殆出天造，岂非当公注思为文，而于字
画无意于工，而反极其工邪！"清王澍评曰："鲁公痛其忠义身
残，哀思勃发，故萦纡郁怒，和血迸泪，不自意其笔之所至，
而顿挫纵横，一泻千里，遂成千古绝调。"《祭侄文稿》这一书
法艺术史上的"绝调"也恰是颜家兄弟忠义精神之绝唱。

　　安史之乱平定后，颜真卿出任吏部尚书、太子太师，封鲁
郡公，人称"颜鲁公"。德宗时藩镇割据，淮西节度使李希烈
起兵造反。宰相卢杞一向排斥颜真卿，借口颜真卿德高望重，
怂恿德宗派其前去宣抚平叛。朝堂上下都认为颜真卿此去凶多
吉少，纷纷劝阻其切莫以身犯险。颜真卿明知此去凶险却不退
避，凛然道："君命也，焉避之！"不及与家人辞行便飞奔敌营。
李希烈逼颜真卿叛唐，颜真卿怒斥："汝知有骂安禄山而死者
颜杲卿乎，乃吾兄也。吾年八十，知守节而死耳，岂受汝辈诱

胁乎!"这段话放到整个中国历史上也难掩光辉，充盈着正气，更有一股傲气，是对兄长的敬意，是对劝降者的蔑视，是不避生死"知其不可为而为之"，是"行其道而死生勿替"。

李希烈又在颜真卿的住处挖了一个坑，欲坑杀之，颜真卿坦然道：何必多事，只要一剑便可。任凭叛军威逼利诱，软硬兼施，颜真卿从始至终均是一身傲骨，毫不妥协，终被李希烈缢杀于蔡州，时年七十六岁。

听闻此事，捍卫江汉的曹王李皋和三军将士号啕痛哭。李皋在给朝廷的上疏中说，世人苟且偷生，道德沦丧，颜真卿其事，可近载于青史，远承前贤风范。颜真卿的忠义之风如日月丽天，洞烛幽明，其忠烈光辉，足以照耀世人，去除邪恶，澄清心灵。李希烈死后，颜真卿尸骨得以送回京师，归葬祖茔。唐德宗令废朝五日，举国悼念颜真卿，朝廷评价其："才优匡国，忠至灭身，器质天资，公忠杰出，出入四朝，坚贞一志。"

颜真卿的"公"首先在于他不以个人利弊左右政事。御史中丞宋浑因私怨被吉温等人诬告，身为殿中侍御史的颜真卿本可全身远祸，但他当面责问吉温："奈何以一时之忿，而欲危宋璟裔乎!"可见其不以个人恩怨介入政事的原则。平原抗敌时，颜真卿为了团结，曾将堂邑大捷之功让给贺兰进明。时人、后人对此多有议论，因为颜真卿的谦让给了贺兰进明上奏表功时任意增减事实的可乘之机。但大家都肯定颜真卿的人品和公心。明代吕纯如说："公惟国事之济而已，固不知有进明也。"在平原时，颜真卿为争取平卢镇将士协同抗敌，不听部下劝阻，将儿子颜颇送去为人质，同样能看出其顾全大局的无私品质。

颜真卿的"公"还在于当谏之事绝不因个人安危而畏惧退却。广为流传的《论百官论事疏》就是一个例子。时任宰相元载因私心请求代宗"百官凡欲论事，皆先白长官，长官白宰相，然后上闻"。颜真卿上疏指出元载之意是断绝言路，"如今日之事，旷古未有，虽李林甫、杨国忠犹不敢公然如此。今陛下不早觉悟，渐成孤立，后纵悔之无及矣！"并明言，"臣实知忤大臣者，罪在不测，不忍孤负陛下，无任恳迫之至。"明知触怒权臣势必得罪，仍不顾安危，依道而行。由于这次进言，颜真卿被贬远方。事后，他在《守政帖》中道出心声："政可守，不可不守。吾去岁中言事得罪，又不能逆道苟时，为千古罪人也。虽贬居远方，终身不耻。"在颜真卿看来，持道而言事获罪是一时之事，逆道而苟且是千古罪人。

颜真卿历仕四朝，前后触怒权奸数辈，屡遭贬谪，始终不改持道言事之准则。宋代曾巩曾对此评价，从颜真卿平原起兵到去世，三十年间，"天下日入于弊，大盗继起，天子辄出避之"，当时很多人选择了明哲保身，"能居其间，一忤于世，失所而不自悔者，寡矣。至于再三忤于世，失所而不自悔者，盖未有也"。而颜真卿"若至于起且仆，以至于七八，遂死而不自悔者，则天下一人而已，若公是也"。在曾巩看来，真正做到百折不挠、九死未悔的只有颜真卿一人，"终始不以死生祸福为秋毫顾虑，非笃于道者不能如此，此足以观公之大也"（曾巩《元丰类稿·抚州颜鲁公祠堂记》）。能够数十年经历往复颠扑而志气不改，在曾巩看来颜真卿的风骨难能可贵——"非笃于道者不能如此"。

颜真卿为官不贪财，居家俭约，这从他的两篇书帖中可看出。著名的《乞米帖》中他说自己"拙于生事"："举家食粥来已数月，今又罄竭，只益忧煎，辄恃深情，故令投告，惠及少米，实济艰勤，仍恕干烦也。"从中可见其家庭日常生活之窘迫。此帖约作于代宗朝颜真卿任刑部尚书时，当时的俸禄制度是外官厚京官薄，"京官不能自给，常从外官乞贷"。但京官政治地位高于外官，颜真卿所掌刑部位置重要，若有意于钱财必然不需费心而贿赂盈门。但颜家举家食粥数月，不得已才向友人求助。

颜真卿自言"拙于生事"，说明他不求非分之财，清廉律己。《与蔡明远帖》中说："一昨缘受替归北，中止金陵，阖门百口，几至糊口。"此帖作于肃宗朝颜真卿被罢免浙江西道节度使后。节度使执掌地方军政大权，所辖又是江南富庶之区，在任时若稍留心家事，不会陷入此等窘境。说明颜真卿的确"拙于生事"，在家庭物质生活方面从未费心"经营"。

"贤者多财损其志，愚者多财生其过。"不只颜真卿，历史上充满人格魅力的名臣士大夫，大多强调俭朴一事。可见"廉俭"二字不仅是为官道德层面的要求，更在个人修养的提升、人格的完善、智慧的增进方面有着重要的意义。

苏轼说："古之论书者，兼论其平生，苟非其人，虽工不贵也。"了解颜真卿之生平再观颜体，别见一番广阔天地。颜体一改唐初书法劲瘦内敛为主的特点，结构方正茂密，笔画横轻竖重，笔力雄强圆厚，充盈着庄严正气和充沛元气。"纵横有象，低昂有态"，犹如巍巍松柏，屹立不倒，"如忠臣义士，正色立朝，临大节而不可夺也"。

颜真卿以其光明磊落、表里如一的人格激扬中晚唐衰颓世风，成为中国历史上"人艺和谐统一的典范"。三百多年后，欧阳修在《新唐书》中动情感慨："呜呼，虽千五百岁，其英烈言言，如严霜烈日，可畏而仰哉！"即使时光过去千百年，颜真卿的忠魂正气，仍如严霜般令人敬畏，又如朗朗烈日长久光照人间。

忠是最早的道德规范之一。《史记·高祖本纪》中说，"夏之政忠。忠之敝，小人以野，故殷人承之以敬。敬之敝，小人以鬼，故周人承之以文。文之敝，小人以僿，故救僿莫若以忠。"这句话的意思是说，夏人为政崇尚忠诚，但忠诚的弊端是百姓粗野少礼，因此殷人以恭敬代替了忠诚。恭敬的弊端是百姓迷信鬼神，周人又以礼仪代替了恭敬。礼仪的弊端是导致虚伪，因此要应对虚伪又需要忠诚。

如何理解"忠"？《说文解字》中对"忠"的解释是"尽心曰忠"；明代才子冯梦龙补充说，"尽心事主曰忠"；清人刘宝楠在《论语正义》中引用唐杨倞《荀子注》的观点，"诚心以为人谋谓之忠"，也就是说，你诚心诚意地为别人办事，就叫作"忠"。所以，"忠"常和"诚"一起连用。《礼记》说，"忠臣以事其君，孝子以事其亲，其本一也"，是说忠臣侍奉国君，孝子侍奉双亲，它们的本质是一样的。南怀瑾先生说，"忠是什么呢？就是扩充了爱父母的心，而爱国家，爱天下，爱别人。"《左传》说，"上思利民，忠也。"总的来说，"忠"的含义，就是中人之心，尽力为人谋，诚心办实事。"全心全意为人民服务"就是"忠"的一种典型描述。

"忠"的对象可以是事，可以是人，也可以是集体、国家或民族。忠于国家、忠于民族是为大忠。自古以来，人们为什么爱国爱家？家是每个人的港湾，而国是每个家的港湾。管仲说，"天下者，国之本也。国者，乡之本也。乡者，家之本也。家者，人之本也。"（《管子·权修》）换句话说，家与国，就是根。

在古人看来，"在家尽孝，在外尽忠"是一个人应该遵守的最基本但也是最重要的道德。因此，在古代社会，"忠臣孝子"是对一个人道德品行的极高评价，即使在今天这样的社会，这依然是对一个人品德的最好认定。

忠诚是一个人取信于他人最好的证明，一个人无论什么原因，只要失去了忠诚，就失去了人们对他最根本的信任。《三国演义》中，吕布在下邳被曹操所擒，为求不死，想要臣服于曹操，曹操问刘备的意见，刘备回答说："公不见丁建阳、董卓之事乎？"曹操听了之后，没有给吕布活命的机会。

对党员干部来说，"忠"是党员干部素养的核心要求。古人云"食君之禄，忠君之事"，忠诚于党、忠诚于国家和人民，尽职尽责，忠于职守，这是对党员干部最起码的要求。正如朱熹所说"忠是信之本，信是忠之发"，忠诚是诚信的基础，诚信是忠诚的体现。在现代的领导工作中，能力重要，忠诚更重要。

忠诚是共产党员家风的底色。家是最小国，国是千万家，治家从来都是治国的重要根基。回望历史，从"满门忠烈"的杨家将到"精忠报国"的岳家军，那些把家国大义融入血脉的家族故事，至今仍被传颂。老一辈革命家的红色家风更给我们树立了榜样——焦裕禄"不搞特殊化"的家训、杨善洲"家的东西一分也不能拿"的叮咛，都是最生动的教材。新时代党员干部培育家风，关键要把"忠诚"二字写进日常生活：在餐桌上谈论时事时坚守政治立场，面对亲友请托时严守纪律底线，处理家事时秉持公心原则。每个党员既是党的细胞，也是家庭的主心骨，既要管好自己，更要带好家人，通过点点滴滴把规矩意识、担当精神转化为家风传承。当前更需清醒认识到：党员家庭不是普通的"小家庭"，而是社会文明的"示范窗"。当千千万万党员家庭自觉把爱家与爱国相统一，在培养子女时注入家国情怀，在茶余饭后传递党的声音，就能让家庭成为培育忠诚品格的沃土，为社会进步注入源源不断的正能量。

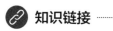 **知识链接** ···

《颜氏家训》节选

教子——威严而有慈

父母威严而有慈，则子女畏慎而生孝矣。吾见世间无教而有爱，每不能然，饮食运为，恣其所欲，宜诫翻奖，应呵反笑，至有识知，谓法当尔。骄慢已习，方复制之，捶挞至死而无威，忿怒日隆而增怨，逮于成长，终为败德。孔子云："少成若天性，习惯如自然。"是也。

人之爱子，罕亦能均，自古及今，此弊多矣。贤俊者自可赏爱，顽鲁者亦当矜怜。有偏宠者，虽欲以厚之，更所以祸之。

——《颜氏家训·治家第五》

治家——俭而不吝

孔子曰："奢则不孙，俭则固；与其不孙也，宁固。"又云："如有周公之才之美，使骄且吝，其余不足观也已。"然则可俭而不可吝已。俭者，省约为礼之谓也；吝者，穷急不恤之谓也。今有施则奢，俭则吝；如能施而不奢，俭而不吝，可矣。

——《颜氏家训·治家第五》

慕贤——与善人居

人在年少，神情未定，所与款狎，熏渍陶染，言笑举动，无心于学，潜移暗化，自然似之。何况操履艺能，较明易习者也？是以与善人居，如入芝兰之室，久而自芳也；与恶人居，如入鲍鱼之肆，久而自臭也。君子必慎交游焉。

——《颜氏家训·慕贤第七》

勉学——无过读书也

夫明《六经》之指，涉百家之书，纵不能增益德行，敦厉风俗，犹为一艺，得以自资。谚曰："积财千万，不如薄伎在身。"伎之易习而可贵者,无过读书也。世人不问愚智,皆欲识人之多,见事之广,而不肯读书,是犹求饱而懒营馔,欲暖而惰裁衣也。

人生小幼,精神专利,长成已后,思虑散逸,固须早教,勿失机也。

——《颜氏家训·勉学第八》

(二)诸城出了个刘罗锅

电视剧《宰相刘罗锅》的播出让很多人知道了这个清朝乾隆年间的名臣——刘罗锅,大家印象最为深刻的应该就是他矮小驼背的身姿和他这个独特的名字。正是这个被影像化的人物,让更多人了解了刘罗锅,进而了解到诸城刘氏家族人才辈出的家族风范。

以刘统勋、刘墉为代表的诸城刘氏家族是清代久负盛名的世家望族,乾隆皇帝曾称誉刘家是"海岱高门第",孕育了很多名士贤才,特别是刘家的优良家风,保持了数百年传承。

自清顺治九年(1652年),刘家六世祖刘必显考中进士,至清末废科举制的200余年里,刘家先后出了十余位进士,二十多位举人,做过官的也有二三十人之多,世称刘家"三辈子阁老,两辈子尚书"。刘必显有四个儿子,长子刘桢、次子刘果、三子刘棨、四子刘棐,刘棨即刘统勋之父,刘墉之祖

刘墉画像

父。在这四个儿子中，以刘果和刘棨最为有名，是使刘氏家族走向兴旺发达的关键人物。

刘家本是寒门，但崇尚文教，虽家境贫寒，仍数世攻读不辍，创造了父子九登科、三世一品、父子祖孙翰林、五世蝉联进士的辉煌业绩。

"刘罗锅"是刘墉的别称，祖籍山东诸城，诸城刘氏不仅是诸城的名门望族，更是清代山东地区的名门望族之一。刘墉的父亲刘统勋也曾担任宰相，刘墉的侄子刘镮之在嘉庆年间担任尚书，三人死后分别获得谥号"文正""文清"和"文恭"，被民间传为"一门三公，父子同宰"。

刘墉是清乾隆十六年辛未科二甲第二名。这大概是一个什么样的名次呢？中国明清时期的科举分为甲、乙两科。乙科是指集中全省秀才在省城举行"乡试"，中试者称为举人；甲科是在"乡试"基础上，把全国各省的举人集中到京城里举行"会试"，中试者在宫殿举行"殿试"，此次中榜者称为进士。根据成绩高低，进士又分为三等，分别为一甲、二甲、三甲。"殿试"第一等的称为"一甲"，赐"进士及第"；第二等的称为"二甲"，赐"进士出身"；第三等的称为"三甲"，赐"同进士出身"。统称进士。到了清朝，"一甲"仅取三名，"二甲""三甲"则各取若干名。"一甲"的第一名叫状元，"一甲"的第二名叫榜眼，"一甲"的第三名叫探花。了解了清朝的科举排名，我们可以知道刘墉的"二甲第二名"算是第二个批次中的第二名，相当于全国第五名。

有一则关于刘墉的趣闻。刘墉入朝为官后，上朝叩拜的姿势非常奇特，引来满朝文武的捧腹大笑。乾隆皇帝看到刘墉本来就驼背，又叩拜得很滑稽，便说："刘爱卿，你这么一拜，不就成了罗锅了吗？"刘墉立即磕头高呼："谢主隆恩！"乾隆帝与大臣们都感到不解，忙问刘墉为何谢恩。刘墉笑着说："按大清律，皇帝赐予臣子封号，封一个字，每年可加俸禄万两。如今皇上封了'罗锅'两个字，臣每年便可以多拿俸禄两万两，这真是皇恩浩荡啊！"乾隆皇帝听后哭笑不得。

那么，"刘罗锅"的外号到底是从哪里来的呢？一般认为是源于嘉庆帝对刘墉的称谓。一种说法是，嘉庆帝即位后，刘墉已经有 80 岁高龄了，难免有些弓腰驼背，嘉庆皇帝常常以"刘驼子"称呼他，这一称谓逐渐传播开来，民间就误以为刘墉天生就是驼背了。另一种说法是，刘墉身为嘉庆皇帝的老师，深受敬重，被尊称为"刘阁老"。由于"阁"与"锅"读音相近，"阁老"在人们的口耳相传中就变成了"锅腰"，刘墉也就成为"刘锅腰"。"锅腰"在京城方言里的发音接近于"罗

诸城刘氏重要人物世系表

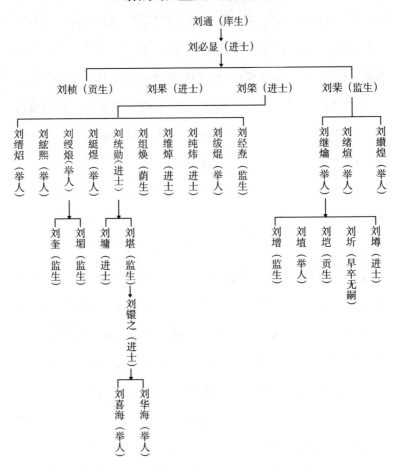

锅"，于是"刘罗锅"的叫法便流传开来了。

　　因为影视作品和独特的外号，诸城刘氏一族中刘墉最为大众所熟知，但是刘氏家族人才辈出，不仅仅是刘墉，历代子孙都得益于刘氏一族良好的家风。

1. 兄友弟恭

刘氏子弟之间非常重视手足之情，兄弟之间互帮互助，而且这种家风世代传承，并非仅仅出现在一代人身上。

刘必显的四个儿子，桢、果、棨、棐，虽然仕途各异、人生境况不尽相同，但是他们的相知相亲、相互援助，给"手足之情"作出了最好的诠释，这也成为他们留给子孙后代的宝贵精神财富。

刘果和刘棨两兄弟同父异母，刘果比刘棨大 30 岁，因此，刘果在一段时间内还"客串"过刘棨的代课老师。刘果在江南提学道任上时，非常识才爱才，其间他也公开表露出了对弟弟才华的欣赏。相应地，刘棨几乎将哥哥刘果当成行事的楷模。二人官风皆是清廉爱民，深受世人好评，还都面见过康熙皇帝并受到康熙的称赞。刘棨受召见时不忘提起多年前康熙褒扬哥哥刘果的话，向康熙乞赐祠堂匾额，康熙为刘氏祠堂题词"清爱堂"。这既是刘氏家族的传世荣耀，也为刘氏家族赢得了全国性的声望。

刘果与哥哥刘桢是同母同父的亲兄弟，刘果督学江南时，有一个苏州富商想请刘果提携自己的儿子，但知道刘果清廉刚正，不敢直接找刘果，知道刘桢、刘果兄弟间感情很好，便辗转找到逢戈庄（刘氏家族居住地，今山东潍坊注沟镇），请刘桢代为向刘果说情，结果被刘桢严词拒绝。刘桢这种深明大义的行为既保全了弟弟的官声，也维护了家族名声。

刘棨与弟弟刘棐之间也有一段感人的故事。李元度《国朝先正事略》中记载，刘棨要从宁羌州（今陕西宁强）奔母丧，却没有返乡路费。他写信请刘棐代为变卖自己家中田地。刘棐接到信之后，百感交集，对别人说，“哥哥的地已经被变卖了大部分了（在宁羌州替百姓偿还逋税时卖的），剩下的都很贫瘠，能卖几个钱？我实在不能袖手旁观了。”但是刘棐也没有那么多现银，便毅然要将自己田地中肥沃的部分变卖。只是，刘家已经是当地的大家族，刘棐出售的土地竟然没有人能接手。为了筹钱，刘棐特地赶到在浙江做官的亲戚那里，费尽口舌把地卖掉，才凑够了给哥哥刘棨回家的路费。

刘氏子弟诗书传家，乐善好施，在乡民间有着良好的声望，譬如刘棨虽然官居四川布政使，但与乡邻关系十分融洽，“遇人温厚善下，乡人皆称之”。他的儿子刘维焯不仅“崇节俭修，敦睦乡里”，还设置“丰余仓”缓解灾年粮食问题。他的侄子刘继爚在村里设置义塾为贫困子弟提供就学机会，实实在在地为宗族造福。更有刘氏子弟，虽不居官位或者官卑位低，但因以孝悌治家修身，而在族中享有崇高的声望，譬如刘溥“训宗族以孝弟，有不率者，纠族众共惩治之”，即以孝悌为信条教导族人，若有人违背，则纠合全体族人共同惩罚之。他的外甥、进士臧梦元曾经对别人说：“余持身廪廪，不敢忘舅氏也。”其他族人想必也是同样的感受，因为尊敬刘溥为人，所以以其教导为规范，谨严遵守，共同营造了和谐敦睦的宗族之风。在他有生之年，族内没有发生过互相纠劾、诉诸官司的事情。再譬如刘绶烺，以"谦谨爱人"成为乡亲百姓的楷模，本乡的人，如果相互间发生了争执，事后都会觉得很羞愧，在私底下说没脸见刘翁了。

刘墉的弟弟刘堪，身体虚弱，稍微不忌口，便会腹泻。对于身患重病的弟弟刘堪，刘墉一直悉心照顾。只可惜，刘堪还是英年早逝。刘堪去世后，刘墉便担负起了养育侄子刘镮之的重任，对他极其用心和抱有期望。

刘墉常年在外做官，通过一封封书信往来与老家的兄弟们维系着亲情。言谈之间，除了做人、做学问方面的叮嘱，还包括汇报自己的身体状况、任职的变动、所承圣恩的细节，以及生活之中诸如算命测字、接济兄弟等琐事。在同辈兄弟中，刘墫、刘墇与刘墉交往较多。

刘墫是刘棐长子刘继燝的第五子，被刘墉尊称为"五哥"。刘棐与刘棨同父同母，后代关系自然比其他支脉更为亲近。刘墫在京城做官时，刘统勋十分关心这个侄子，常常与刘墫讨论一些有趣的问题，甚至还曾让刘墫为自己代笔。刘墉和刘墫在京城朝夕相处 18 年的光阴中，感情日渐加深。二人又兴趣相投，都爱好诗、书、画，所以，在家书往来之中，二人不仅闲话家常，也时时诗歌唱和。刘墉还曾在信中赋诗表达了不能与五哥彻夜畅谈的遗憾之情。

刘墇是刘墉十叔刘经烹的独子。他颇为喜欢老庄，善于诗歌创作。刘墉常常在家信中直接索要刘墇的诗稿，自己偶得佳句，也一定要对方点评。生活节俭的他，为了满足家人为刘墇

"谋一恒产"的愿望，一次性拿出了 200 两银子贴补兄弟。在旁人看来，堂堂的京官，怎么只赞助了区区 200 两银子？殊不知，刘墉自家的住宅早先因大雨损毁，而刘墉都没能拿出 200 两银子好好修葺。因此，这 200 两银子已经是刘墉当下所能资助的最大限度。在刘墭去世之后，刘墉还曾深深地感叹"淡园走，石庵闷矣"①。

2.崇文尚儒，注重教育

崇文尚儒、诗书传家是刘墉家族优良家风中一项重要内容。刘家本为寒门，但崇尚文教，虽家境贫寒，仍数世攻读不辍。刘墉高祖刘通，刻苦向学，"家贫无书可读，游戚党间，阅古今文字，遇心赏者辄录之旧纸或书掌肱间"，回家后抄录成册教授其子。刘墉曾祖刘必显携家眷避难金陵时，其亲戚、时任南明御史的郑瑜劝刘必显父子到军营任职，刘必显辞曰："家世业儒，虽未能以文章名世，终不敢投笔事戎。"刘必显晚年回到故乡构建槎河山庄别业，教子孙力学苦读。其三子刘棨中进士，即将槎河山庄奖励给刘棨，曰："用奖汝志且以励后人之读书者。"

刘墉的祖父刘棨更是一位成功育子的楷模，他教子严谨，曾延请青州名士王述等人教授子弟。清代人李瀄在《槎河山庄记》中对刘家家法有准确的表述："方伯公（刘棨）则益严，

---

① 石庵是刘墉的号。

子孙六岁就外傅诵经书，不中程度辄予夏楚，出入跬步无敢嬉戏。既长，被服食饮，比于寒素，读书汲古之外不得有他嗜好，亦不得妄有所交接。"刘棨后来又将山庄交给同样学业有成的次子刘绒熙，绒熙早卒，其弟刘绥烺，"兄弟骎骎龟显矣，植身修行，亦恪守方伯公（刘棨）家法"。刘绥烺非常重视对子侄的教育，"为慎择师友，日夜勉其树立，勿坠前人家声。"雍正、乾隆年间，安丘马长淑、李濚、李大本，诸城鹿莘、高密王万里等地方名士，都曾执教于刘家。

清爱堂刘氏家族能在科举史上创下八子登科、五世蝉联进士的盛况，正是其"诗书传家"教育理念结出的硕果。这个山东望族崛起的密码就藏在其祠堂楹联"砚田无税子孙耕"的训诫里——崇文重教的家风正是其长盛不衰的根基，从康熙朝到光绪朝，刘氏藏书楼灯火二百余年不熄，走出了刘统勋、刘墉等六位二品以上重臣。

3.乐善好施，泽被乡里

乐善好施在清爱堂刘家代代相传，刘家先祖刘通、刘必显都以乐善好施闻名乡里。史料记载，刘通"贫而好施"。明万历年间，诸城闹饥荒，刘通拾到一宗银两，等候失主不至，乃煮粥施灾民，救人无数。刘墉曾祖刘必显，"助婚嫁、恤丧葬、赎女童以完人骨肉，囤粟以周乏"，善行不胜枚举，并且"令子孙踵行之"。

刘家子孙秉承祖训，仗义疏财，泽被乡里，被载入《诸城县志》者代无乏人。刘棨兄弟继承其父刘必显衣钵，与其父祖相比，有过之而无不及。康熙四十年（1701年）刘棨丁母忧归里，正值故乡发生灾荒，他与弟弟刘棐一单日、一双日，轮流日出十余里，见饥民即给粮三升，一直坚持十个月。刘棨之子刘维焯，每遇荒年，省用捐食以周济他人，出田种穄子，存于社仓，救济灾民，其仁义之举被乡里称颂。刘统勋堂兄刘纶炳，"出粟济族党五阅月"。刘必显之长孙刘绍辉，"性俭朴，周恤贫匮，无吝色"。刘必显之孙刘继燔，尝于村中设义塾，延师教授族党及佃户子弟。刘墉族孙刘渼，灾荒之年收养弃儿，长大后听任自去。刘墉族曾孙刘云栋，"轻财好施，岁饥煮粥以济饿者，冬买棉衣给贫寒，死无以殓者予之棺"。

直至清末，刘家依然保持着这种乐善好施的优良传统，在乡里传为美谈，也为其家族赢得了很高的声望。

4. 不尚浮华，淳朴节俭

清爱堂刘氏数世崇尚节俭，刘墉曾祖刘必显为人"崇惇厚，黜浮华"。其子刘棨继承乃父家风，留下家训："当官清廉，积德行善，官显莫夸，不立碑传，勤俭持家，丧事从简。"其后世子孙保持了淳朴节俭的优良家风，受到世人的赞誉和敬仰。

刘氏家族以清俭传家的风范，在康乾时期便已闻名朝野。刘统勋官居首辅、领班军机大臣，权倾朝野却"朝珠无十两以上者，线断散落不复拾"。据《郎潜纪闻》载，他赴地方巡察时"二仆相从，食物不索珍馐"，致仕后"家中仅有田数十亩，数十年不增寸尺"。乾隆帝亲临刘宅吊唁时，面对"门闾湫隘"的居所，需"去舆盖然后入"，不禁感慨"朕失一股肱矣"。刘墉恪守父辈遗训，任太原知府时自述"帽破衣残到太原，故人犹作旧时看"。嘉庆帝对刘镮之忆及："汝伯简朴，文正公当日如此，朕随皇考到汝家，见马厩在宅旁，何其逼仄"，更笑谈"汝伯父之轿子，我在藩邸即见，破极矣"。这种家风绵延数代，刘维焜辞官归乡后"茅屋数椽，仅蔽风雨"却"崇节俭，修敦睦"；族孙刘澐虽出身贵胄，仍"性方硬，虽贵胄而俭朴自持，无倨傲气"，足见清爱堂"诗书继世长"的门风绝非虚言。

刘墉祖父刘棨生前曾立下"不立碑传"的家训，后世子孙恪守祖训，不请名家撰写墓志、神道碑文、行状、传记等。像刘统勋、刘墉这样的达官显宦，茫茫史海中竟没有留下一篇关于他们生平的墓志铭、墓表、神道碑之类的纪念性文章。清末王培荀《乡园忆旧录》记载，刘统勋卒后，刘墉以其父勋业在国史，不撰行状，不乞作墓碑及志铭，"第取所奉谕旨及奏疏，编录以示子孙"，"以前格套一洗而空"。

5. 仁爱孝悌，忠信尚义

孝敬父母、兄友弟恭、忠信仁义是中华民族的传统美德，刘家的子弟世代传承这些美德，留下了诸多佳话。

康熙年间，刘统勋的伯父刘果进京赶考，刚通过会试就接到祖母病重的消息，连殿试都顾不上参加，连夜赶回家乡"侍汤药者五阅月无倦容"。后来他和弟弟刘棨本该补任道员、知县，却因父亲年老双双放弃官职，被百姓称赞为"两孝子"。直到父亲刘必显去世，66 岁的刘果"犹作孺子泣，鬻产营葬"，丧礼办得既哀痛又体面。这种孝道代代相传，刘棨的儿子刘綖煜在父亲去世后，坚持在墓旁搭草屋守孝三年，被乡邻称为大孝子。

刘家人的兄弟情谊更让人感叹。刘棨从陕西宁强卸任回乡奔丧时，欠着路费无法返乡，托弟弟刘棐变卖自家田地。刘棐却说："哥哥的地已经卖了大半，剩下的都是薄田，能值几个钱？我哪能不管！"于是"益以己田，择其腴者，易金致兄所"。类似的故事还有很多，堂兄刘纶炳分家时主动选贫瘠的田地；刘墉的堂弟刘壤为帮获罪的哥哥赎罪，卖掉自家三百亩良田；刘钧信兄弟原本已分家，却为帮兄长凑钱捐官，又搬回同住，晚年穷困时还写信说"宁愿和兄弟同生共死，也不愿独自苟活"。

刘家最难得的是重情守义。祖辈刘必显坚持娶患病的未婚妻徐氏，像宋代娶盲女的刘庭式一样不离不弃。次子刘果年轻时"赴人之急甚于己私"，朋友遇难时曾眼都不眨就掏出几百两银子相助。这些故事在《东武刘氏家谱》里记了厚厚几大本，见证着这个家族"忠孝传家"的金字招牌。

6. 刘氏家族的女性

俗话说，每一个成功男人的背后都站着一个伟大的女人。放在古代，我们可以说，每一个成功的家族背后都一定有一群女人在支持着。传统社会要求女性"大门不出、二门不迈"，女性的价值主要体现在家庭之中，所谓"贤内助""男主外、女主内"等观念甚至影响到今日。

"男尊女卑"的观点在封建社会深入人心，女性被要求遵循"三从四德"。不过，在家庭生活中，女性作为母亲的地位却是很高的，这在历朝历代都不曾改变过，母亲对于维持家族内部的伦理秩序起着莫大的作用。母爱与父爱不同，她更容易亲近子女，进而其行为更容易被子女接受模仿。一个好的母亲，会对一个家族上下几代人都产生深刻的影响。

刘氏家族的辉煌离不开女眷们的支持。她们以母亲、妻子的形象隐于幕后，相夫教子，为家族的发展默默奉献着。

很遗憾，关于刘氏家族女性的资料并不多见。因为在封建社会，女子基本不入父家族谱，而嫁入夫家之后，也只是以"某氏"的形式被一笔带过。不过即便如此，我们依旧可以从零星的资料中窥知生活在这个盛极一时的大家族中的女性形象。

出现在我们视野中的第一位刘家女性是刘必显的原配郑氏。刘必显生活的时代恰是明末清初改朝换代之际，时局风云变幻。明崇祯十五年（1642年），山东地区兵乱迭起，刘家亦难逃此劫，举家南迁避难。据《山东通志》记载，刘必显的妻子郑氏"崇祯壬午遇兵难，自缢于胶州孝苑村"。寥寥数语，我们不可得其详，但是自宋代朱熹提倡妇女守节之后，明清女性能入史书者，大都为此。刘必显之妻郑氏在躲避战乱中遭遇兵匪侮辱以死抵抗，或是为了保证不受辱以死明志，都是有可能的。可以想见，郑氏是一位性格刚烈、宁为节亡、不肯苟活的女子。这种刚烈的性格，对她的子孙也会有一定影响，例如其长子刘桢在遭遇兵匪的情况下，深夜独自为祖父安葬。这种刚烈的性子，颇有母亲的风范。

第二位就是刘必显的续弦孙氏，也就是刘果的继母。如前所述，刘果在孙氏去世之后请戴名世写了一篇《孙宜人墓志铭》，感人至深，将孙氏的仁慈和母爱刻画得十分生动。在刘家的家教模式中，孙氏的"慈母"形象十分典型。简要来说，就是为孩子挡鞭子，用慈爱的方式鼓励他们上进以考取功名，对奴婢仆从也施加恩德。孙氏以和睦持家，将这么一个大家族管理得井井有条。刘桢、刘果是郑氏所生，刘棨、刘棐是刘必显的侧室杨氏所生，但都是由孙氏带大的。对这四个孩子的教育责任实际上都落在孙氏的肩头。孙氏对子女的教育无疑也是极为成功的，对形成敦睦团结、奋发进取的家风功不可没。刘果、刘桢每次想到孙氏亲生子女早夭后孙氏的痛不欲生便心疼不已，刘果升任江南提学道后特地为继母邀恩请封，孙氏去世之后刘果特地请戴名世撰写墓志铭。由此可知，孙氏对子孙影响之深，也可感受到子孙对她无比深厚的尊敬爱戴之情。

第三位值得一提的刘氏女眷是刘统勋的续弦颜氏。颜氏一生事迹不多见于史籍，但她以95岁的高寿见证了刘氏家族仕宦顶峰的三代子弟。她是东阁大学士、首辅军机大臣、文正公刘统勋的妻子，是体仁阁大学士、文清公刘墉的继母，是文恭公刘镮之的祖母。乾隆五十九年（1794 年），乾隆皇帝为颜氏八十大寿御赐"令寿延祺"匾额。嘉庆九年（1804 年），颜氏九十大寿时，刘镮之正在江苏学政任上，已将祖母颜氏迎接在其江阴学署，嘉庆皇帝特地御赐"萱辉颐祉"匾额悬挂在江阴学使官署的"燕喜堂"上，且御赐寿宴庆典，恩准刘墉前往拜寿。因为皇帝御赐，又因为刘统勋、刘墉、刘镮之的显赫身份，颜氏的九十大寿不仅在江阴学署汇集了大批前来恭贺的江南名士，朝野的刘氏臣僚亲友更是纷纷献词贺寿。颜氏一生荣华，丈夫、儿子、孙子皆为宰相之才，荣耀遍及全国。

史书上并没有颜氏育子持家的具体案例，但是，从子孙对她的尊重和孝顺可以推论：第一，高寿之人往往心胸豁达，颜氏一定不是小肚鸡肠之人；第二，女性在家庭教育中具有举足轻重的作用，刘墉、刘镮之的成长，生活俭朴作风的形成，会受到颜氏影响；第三，兄弟和睦，家族团结，孝悌之道，颜氏作为母亲也一定言传身教。仅由这些，我们也可以推知颜氏之贤。

刘墉身边的女性，最为知名的是他的三位"贤内助"。刘墉的书法用笔独特，很多人向他学习过书法，还力争模仿他。但在时人眼中，模仿刘墉比较成功的陈希祖的行楷，也只能算得上"不触不背"，而被认为是著名诗人兼书法家的王芑孙，更是被笑谈为如"婢学夫人"。刘墉自己曾极为得意地说："吾书不可伪也。"但当时确实有人能模仿刘墉的字，就是被他引为知己的瑛梦禅和他自己的三位如夫人。震钧曾经看到过刘墉与她们讨论书法的家信，其中指陈笔法，十分详细。三位如夫人中最出名的一位，人称"四姐"，即黄春晓。刘墉晚年的许多书法作品，就是出自黄夫人之手，几乎能达到以假乱真的水平。包世臣说刘墉有十本册页由黄夫人代笔，后面都有刘墉的批语，令人叫绝。

有记载的刘氏家族中的贤德女子还有刘埴的侧室孙氏，生有一子叫刘钜璐，孩子七岁的时候丈夫刘埴就去世了。乾隆五十一年（1786年）闹饥荒，她把女红所得的积蓄全部用来接济穷人，还收养了数十个小女孩，抚养她们长大，为她们选良善人家出嫁。

另外，刘组焕的侧室谢氏也值得一提。她是个女秀才，"通经史，工书算"，十分有才华。刘组焕去世之后，她亲自教儿子刘锛读书，都能口授。

刘氏家族显赫一时，对子弟婚姻的标准也就制定得很高。刘家的女子很多接受过良好的教育，知书达理、通识大体、心胸豁达，同时也具备一定的文化素养。她们能为子女创造良好的家庭环境，培养读书氛围，甚至还能亲自担任老师。刘氏家族的女性终生都以辅佐夫君、教导子孙、维持家族和睦为己任。刘氏家族开枝散叶，子弟们登堂拜相，一半的功劳得归于这一群默默居于夫君、儿孙身后的女性。

在全面建设社会主义现代化国家的新征程中，我们始终秉持以人民为中心的发展理念，将构建社会主义和谐社会作为重要战略任务。在此历史方位下，大力弘扬"仁者爱人"的中华传统美德与社会主义人道主义精神，已成为推进社会文明进步、实现个体道德跃升的重要实践路径。

从社会关系维度审视，社会主义社会的本质属性决定了其成员间应构建平等互利、和谐共生的有机整体。这种新型社会关系的构建，亟须培育"我为人人，人人为我"的共同体意识。值得注意的是，这种精神品格绝非单向度的道德要求，而是蕴含着深刻的辩证逻辑。个体在追求合理利益的同时，必须树立正确的义利观，若一味沉溺于个人得失的算计而拒绝奉献，便从根本上消解了获得社会关爱的伦理基础。从实践维度考察，社会主义人道主义精神具象化为对弱势群体的制度性关怀。这要求我们不仅要构建覆盖全民的社会保障体系，更要形成"老吾老以及人之老，幼吾幼以及人之幼"的社会自觉。面对自然灾害等突发公共事件时，更应彰显"风雨同舟"的民族精神，将制度优势转化为守望相助的实践效能。

历史经验表明，"博施济众"的仁爱情怀与"天下为公"的大同理想始终是中华文明的精髓所在。新时代公民道德建设，既要传承"出入相友，守望相助"的文化基因，更要注入"人类命运共同体"的时代内涵。唯有如此，方能使五千多年文明积淀与社会主义核心价值观交相辉映，让社会主义精神文明绽放出新的时代光彩。

五、结语：重家教、正家风，助推党风政风清正

习近平总书记指出："家庭是社会的基本细胞，千千万万个家庭的家风好，子女教育得好，社会风气好才有基础。"又说"广大家庭都要弘扬优良家风，以千千万万家庭的好家风支撑起全社会的好风气。"他还特别强调"各级领导干部要带头抓好家风。""从近年查处的案件看，出问题的干部普遍家风不正、家教不严。"家风与党风、政风，乃至社风紧密联系。家风正则党风正，党风正则政风清。齐鲁文化中蕴藏着丰富的家风家教思想，完全能够为推动社会党风政风清正提供有益借鉴。

（一）学习汲取齐鲁文化中家风家教思想精华

齐鲁文化中家风家教的思想内容丰富，体系完备，从修身到治家，到从业，到处世，是中华优秀家庭美德的集中体现，已经超越了时空的局限性，烛照着每个人的心灵。齐鲁文化中的家风家教思想，不仅有对崇德正己、自强不息个人优良品质的锻造，而且也有孝亲尚合、勤俭勉学传承延续家庭的教诲教导，不仅要求敬业奉献、廉洁担当，积极承担社会功能，实现社会价值，而且注重与人为善、谦和有礼。这些内容对于个体实现人生价值意义重大，对家庭、社会的安定发展具有极端的重要性。新时代领导干部要从齐鲁文化家风家教的思想中吸取营养和智慧，在坚持去粗取精、去伪存真的基础上，对其进行创造性转化、创新性发展，把富有永恒魅力，有利于促进党风政风好转的思想精华。领导干部要自觉学习包括齐鲁文化在内的中华优秀传统家风家教思想，将之内化于心，外化于行，使之转化为领导干部内在的行动自觉，体现在自身的工作中。

（二）严以治家助推形成风清气正的党风政风

治天下者，正家为先。党的十八大以来，我们党将领导干部的家风家教建设摆在更加突出的位置。"廉洁齐家，自觉带头树立良好家风"被列入《中国共产党廉洁自律准则》中，《关于新形势下党内政治生活的若干准则》明确提出，领导干部特别是高级干部必须注重家庭、家教、家风，教育管理好亲属和身边工作人员。[①] 从近年来查处的腐败案件看，家风败坏往往是领导干部走向严重违纪的重要原因，夫妻联手枕边风、父子上阵式的家族式腐败屡见不鲜，严重败坏了党风政风。习近平总书记曾引用三句古训来说明家风建设的重要性，即"将教天下，必定其家，必正其身"；"莫用三爷，废职亡家"；"心术不可得罪于天地，言行要留好样与儿孙"。他还指出，"如果连家人都管不好，甚至后院起火，还怎么抓工作、带部队？严是爱、松是害，大家要严格要求亲友，过好家庭关、亲情关"[②]。又说"领导干部特别是高级干部一定要重视家教家风，以身作则管好配偶、子女，本分做人，干净做事"[③]。因此，领导干部必须重视家风家教，要严以治家，对家庭成员进行教育，帮助家庭成员明辨是非曲直，以防走上歪路邪路，给个人和家庭造成不可挽回的损失。

（三）多措并举形成以家风家教助推党风政风建设的合力

家风家教一方面是个人的事情，另一方面也是党和政府的

---

① 中共中央党史和文献研究院编：《十八大以来重要文献选编》下，中央文献出版社 2018 年版，第 438 页。

② 中共中央党史和文献研究院编：《习近平关于注重家庭家教家风建设论述摘编》，中央文献出版社 2021 年版，第 56—57 页。

③ 《习近平谈治国理政》第四卷，外文出版社 2022 年版，第 551 页。

事情，它能够为注重家风家教提供良好的外部环境。比如，舆论弘扬方面，通过大力宣传领导干部的好家风好家教，可以为其他领导干部注重家风家教建设提供模范引领作用。习近平总书记经常倡导学习家风建设典范人物改善社会风尚，也多次从反面提醒广大干部，亲情关过不去，就会栽在这个问题上，其实也从一个侧面说明了舆论弘扬对家风家教助推党风政风建设的积极作用。再比如，一些地方政府把家风家教建设作为考核内容，纳入基层党建、精神文明、干部教育、选拔任用的考量因素，把在家风建设中尊老爱幼、立德修身、克勤克俭的党员干部作为重点培养对象，成为新时代以家风家教促进党风政风建设的重要举措。还有一些地方把家风家教体现在村规民约和居民公约的建设中，把家庭和睦、邻里友善等作为文明市民、村民和文明户、文明社区、文明村镇评选的重要标准，等等。形成以家风家教助推党风政风建设的强大合力，会使家风家教建设和党风政风建设互相影响、互相促进，进而实现二者之间的良性互动。

参 考 文 献

《习近平谈治国理政》第一卷，外文出版社 2018 年版。

《习近平谈治国理政》第二卷，外文出版社 2017 年版。

《习近平谈治国理政》第三卷，外文出版社 2020 年版。

《习近平谈治国理政》第四卷，外文出版社 2022 年版。

中共中央党史和文献研究院编:《习近平关于注重家庭家教家风建设论述摘编》，中央文献出版社 2021 年版。

中共中央党史和文献研究院编:《十八大以来重要文献选编》，中央文献出版社 2016 年版。

（春秋）管仲:《管子》，广陵书社 2009 年版。

（春秋）孔丘等编，程俊英译注:《诗经译注》，上海古籍出版社 1985 年版。

（春秋）孔丘弟子编，张燕婴译注:《论语》，中华书局 2006 年版。

（春秋）李耳撰，（魏）王弼注:《老子》，首都经济贸易大学出版社 2007 年版。

（春秋）左丘明撰，张建欣编:《国语》，漓江出版社 2022 年版。

（春秋）左丘明撰，杨伯峻注:《春秋左传注》，中华书局 1981

年版。

（春秋）晏婴撰，陈中琼编注：《晏子春秋》，吉林文史出版社 2004 年版。

（战国）曾参等撰，马银华译注：《大学》，山西古籍出版社 2003 年版。

（战国）曾参等撰，陈来、王志民主编：《中庸解读》，齐鲁书社 2019 年版。

（战国）孟子撰，杨伯峻、杨逢彬译注：《孟子译注》，岳麓书社 2021 年版。

（战国）庄子撰，陈鼓应注译：《庄子今注今译》，中华书局 2020 年版。

（秦）孔鲋：《孔丛子》，中华书局 1985 年版。

（汉）司马迁：《史记》，中华书局 1959 年版。

（汉）刘向编，王学典编：《战国策》，江苏凤凰科学技术出版社 2018 年版。

（汉）刘向编撰：《列女传》，文物出版社 2015 年版。

（汉）戴圣编：《礼记》，西安交通大学出版社 2022 年版。

（汉）戴德撰，（北周）卢辩注：《大戴礼记》，北京图书馆出版社 2004 年版。

（汉）韩婴撰，许维遹校释：《韩诗外传集释》，中华书局 1980 年版。

（汉）孔安国传，（唐）陆德明音义：《尚书》，上海古籍出版社 2022 年版。

（三国）王肃校注，林宇宸主编：《孔子家语》，漓江出版社2019年版。

（三国）诸葛亮撰，梁玉文等译注：《诸葛亮文译注》，巴蜀书社1988年版。

（晋）陈寿撰，（宋）裴松之注：《三国志》，中华书局2005年版。

（南朝宋）刘义庆撰，朱奇志评注：《世说新语》，岳麓书社2022年版。

（南北朝）颜之推：《颜氏家训》，中国文史出版社2003年版。

（唐）房玄龄等撰：《晋书》，中华书局1997年版。

（宋）程颢著，（宋）程颐撰，潘富恩导读：《二程遗书》，上海古籍出版社2000年版。

（宋）范晔撰，（唐）李贤注：《后汉书》，中华书局2000年版。

（宋）朱熹：《四书章句集注》，浙江古籍出版社2014年版。

（元）脱脱：《宋史》，中华书局1977年版。

（明）胡居仁撰：《居业录》，中华书局1985年版。

（明）王守仁：《王阳明全集》，上海古籍出版社2011年版。

（明）朱柏庐撰，张玲、康风琴编：《朱子家训》，新疆人民出版社2003年版。

（清）李元度：《国朝先正事略》，岳麓书社2008年版。

（清）孙葆田等编：《山东通志》，商务印书馆1934年版。

（清）王夫之：《张子正蒙注》，中华书局2009年版。

（清）曾国藩撰，潘爱平评注：《曾国藩家书》，吉林文史出版社 2016 年版。

陈延斌、杨威主编：《家国情怀——中华优秀传统家风文化》，中国方正出版社 2018 年版。

孔丽：《圣人家风》，齐鲁书社 2019 年版。

李存山主编：《家风十章》，广西人民出版社 2015 年版。

李亦园：《中国人的家庭与家的文化》，江苏教育出版社 2006 年版。

柳建辉主编：《从家风到作风》，湖南人民出版社 2017 年版。

吕冰、郭玉锋主编：《齐鲁家风——山东人的精神史诗》，山东人民出版社 2015 年版。

宋希仁主编：《干部治家读本》，中国方正出版社 2007 年版。

仝晰纲、李梅训主编：《齐鲁文化通俗读本》，山东人民出版社 2011 年版。

杨安：《家风——决定人生命运的精神财富》，中国财富出版社 2014 年版。

王国维：《王国维遗书·观堂集林卷第十》，上海书店出版社 1983 年版。

王连儒：《汉魏六朝琅琊王氏家族政治与婚姻文化研究》，中国社会科学出版社 2013 年版。

王萍、张涛主编：《中国文化世家（齐鲁卷）》，湖北教育出版社 2004 年版。

臧励龢等编：《中国人名大辞典》，商务印书馆 1998 年版。

张天清：《中华好家风》，百花洲文艺出版社 2018 年版。

安丽梅:《传统家训培育古代核心价值观的基本方略及其当代启示》,《兰州学刊》2020 年第 1 期。

毕孝珍:《孔氏"诗礼传家"的家风意蕴与历史传承》,《济宁学院学报》2018 年第 6 期。

常昭:《六朝琅邪颜氏家族文化与文学研究》,博士学位论文,山东师范大学,2011 年。

戴素芳:《曾国藩家庭德教理念及其现代审视》,《广东社会科学》2004 年第 2 期。

桂小红:《从家府档案看曾氏家族》,《档案时空》2010 年第 7 期。

金圣尧:《中华"家文化"传承教育研究》,博士学位论文,西南大学,2021 年。

李海鹏:《论琅邪诸葛氏家族的家风及影响》,《临沂大学学报》2014 年第 3 期。

刘复兴、李清煜、张剑:《习近平总书记关于家庭家教家风建设重要论述的理论体系与时代价值》,《教育研究》2024 年第 10 期。

吕文明:《从经学到书法:汉晋间琅琊王氏家族文化的传承与流变》,《孔子研究》2017 年第 2 期。

王立刚:《中国传统家风的文化渊源与教化意义》,《河北师范大学学报(教育科学版)》2017 年第 2 期。

曾振宇:《曾子思想体系论纲》,《辽宁师范大学学报》1994 年第 3 期。

曾振宇:《儒家孝文化及其影响》,《理论学刊》2000 年第 1 期。

张俊国:《习近平的家风思想略论》,《中共杭州市委党校学报》

2017 年第 4 期。

赵旭、魏锦京:《诸葛氏家风家训的伦理思想及其当代价值》,《公关世界》2020 年第 22 期。

朱小理:《中国传统家训中的德育精华》,《江西教育科研》2005 年第 10 期。

责任编辑：郭　娜

装帧设计：汪　阳

图书在版编目（CIP）数据

齐鲁文化与治国安邦 / 张文珍，王凤青主编.

北京 ：人民出版社，2024.12. -- ISBN 978 - 7 - 01 - 027036 - 4

I . K295.2

中国国家版本馆 CIP 数据核字第 2024JZ2518 号

齐鲁文化与治国安邦

QILU WENHUA YU ZHIGUO ANBANG

张文珍　王凤青　主编

人 民 出 版 社 出版发行

（100706　北京市东城区隆福寺街 99 号）

北京汇林印务有限公司印刷　新华书店经销

2024 年 12 月第 1 版　2024 年 12 月北京第 1 次印刷

开本：880 毫米 × 1230 毫米 1/32　印张：58.625

字数：1160 千字

ISBN 978 - 7 - 01 - 027036 - 4　总定价：268.00 元（全十册）

邮购地址 100706　北京市东城区隆福寺街 99 号

人民东方图书销售中心　电话（010）65250042　65289539